神に捧げた愛と命と

桜庭　薫
Sakuraba Kaoru

光言社

発刊に寄せて

相続すべき気高く清く美しい殉教者の精神

世界基督《キリスト》教統一神霊協会会長　徳野英治

日本統一教会は今年、二〇〇九年十月、記念すべき創立五十周年を迎えます。

このような年に、神様のみ旨（願い）のために殉教された方々の尊い生涯を描いた『神に捧げた愛と命と』が刊行されたことは、摂理的にも歴史的にも、とても意義深いことであると思います。

本書にも紹介されていますが、一九七六年、アメリカ建国二百年を記念する大会が開催されたとき、一人の青年が殉教しました。同年六月一日、ニューヨークのヤンキー・スタジアムで行われる「ヤンキー大会」の成功に向けて熱心に活動していた渡辺優《まさる》さんが、黒人少年によって殺害されるという痛ましい事件が起きたのです。

大会後、統一教会創始者、文鮮明《ムンソンミョン》師は渡辺さんの殉教について、「統一教会の使徒行伝のような歴史的資料として残る。……その行跡は永遠に若者の胸に火をつけるだろう」と語られました。

私の記憶では、かつて、文鮮明師は次のように語られていたというのです。

ある雨の激しい嵐の吹く日、外の悪天候をじっと見つめておられた文鮮明師が側近に吐露された言葉は、「雨が激しく降るのを見る度ごとに、宿泊する家もなく、他人の家の軒下を借りて、一時的にでも雨をしのがなければなければならない、外国での宣教活動のゆえに筆舌に尽くし難い苦労の中にある献身的な食口《シック》（教会員）たちに思いを馳せ、その無事と安全を祈らざるを得ない。特に共産圏や回教（イスラム教）圏での宣教に命懸けの苦労をしている食口たちのことを片時も忘れることができない！」というものでした。

私たちは、み言葉によって、神様が真《まこと》の愛の方であり、すべてを与え、投入される方であることを知っています。また、文鮮明師ご夫妻も、神様のために、人類救済のために、愛を投入され、すべてを犠牲にしながら、投入し続ける生涯を送っていらっしゃいます。

神様と文鮮明師ご夫妻に出会った私たちは、「ために生きる」人生こそが崇高で清く、美しい人生であるとして、そのような人生を送ろうと努力しています。しかし、実際にそのように生きることは容易なことではありません。

本書に掲載された十名の方々に共通しているのは、自分というものを一切なくし、ひたすら公的に生きたということです。そして、神様のために、世界平和と地上天国実現のために、自らの命さえ捧げるという、気高く美しい精神の持ち主であるということです。「天は清いものを供え物としてとられる」と言われますが、まさに清い方々が若くして殉教されたのだと思わざるを得ません。

この方たちの生き様とその人生哲学、精神を、私たちは謙虚に学び、相続しなければならないでしょう。そして、彼らが成し遂げようとしてできなかった無念な思いを深く受け止め、彼らの代身となって、地上生活において神様のみ旨成就のために、幾多の苦労があったとしても感謝し、自らを供え物となして、「ために生きる」生涯を送らなければならないと痛感するものです。私たちも、天地に恥じることのない、清く美しく気高い生涯を送れるよう励みたいものです。

今回、桜庭薫氏の尽力によって、殉教者のすべてではありませんが、十名の方々の、神様のために捧げた、純粋で清い信仰の足跡が一冊の本の出版という形で記録されたことは、実に意義深いものであり、感謝の気持ちでいっぱいです。
　この貴い記録は、今、神様のみ旨を歩む私たちのみならず、後孫にとっても貴い財産となるものであると確信し、その永遠なる価値を輝かせ続けることを祈念してやみません。

二〇〇九年七月

神に捧げた　愛と命と・目次

発刊に寄せて　徳野英治……3
「あなた、笑って死んだの？」　笹本正樹……11
「神様、万歳！」　渡辺　優……23
アフリカに咲いたカサブランカ　城間礎子……35
ジャルジンの守護神　金　榮喆……47

母に受け継がれた精神　小幡憲昌……61
文先生への一筋の思い　姜 英姫……73
仰天献命　浦海孝臣……85
常に他のために生きた「聖人」　吉田修平……97
愛され、誇りとされた牧会者　管野一郎……109
生涯を天と教会員のために　平井 隆……121

「あなた、笑って死んだの？」

笹本正樹

笹本正樹（ささもと まさき）

・1950年３月23日	山梨県八田村にて出生
・1973年４月	世界基督教統一神霊協会に入教
・1975年２月８日	1800双祝福を受ける
・1975年５月	マラウイ共和国入国
・1975年９月	ザンビア共和国入国
・1977年	マラウイ共和国再入国。１年２か月活動
・1980年７月	タンザニア連合共和国入国
・1980年12月18日	警察官によって射殺される（享年30）
・1994年５月１日	殉教部門の特別功労賞を受賞

笹本正樹さんがアフリカのタンザニアで警察官に銃撃され、天に召されたのは一九八〇年十二月十八日のことである。

この日、外国人不法滞在者取り締まりのため、ダルエスサラーム全市で捜索を行っていた警察官が、笹本さん宅の扉を押し破り、室内に入ったのは午前七時半過ぎだった。

警察官は武器を持たない彼にいきなり銃を抜き、射殺した。

「彼は、頭とみぞおちの二か所、被弾している。にもかかわらず、彼の死に顔には、とてもはっきりと、柔和で平安な表情が現れていた」と、世界宣教本部が発行する機関誌「TODAY'S WORLD」（一九八一年二月号）は伝えている。

実際、妻の知恵子さんは遺体と初めて対面した時、「あなた、笑って死んだの？」と、声を掛けてしまったという。

それから十四年後の一九九四年五月一日。世界基督《キリスト》教統一神霊協会創立四十周年記念日に、彼は創始者、文鮮明《ムンソンミョン》師ご夫妻より特別功労者として表彰を受けた。

彼は地上での最後の瞬間をどのような思いで迎えたのであろうか。

当時、彼はまだ三十歳だった。知恵子さんと家庭を出発したばかりで、夫婦生活はわずか一か月。だから、二人の間に子供はいなかった。

み言葉に出会った者であれば、だれもがそうであるように、夫婦の愛を深め、子女を授かり、育てる、そして大きくなった子女と共にみ旨の道を歩みたかったであろうに……。状況から推測して、ほぼ即死と思われるが、地上を去るその刹那《せつな》、笹本さんの胸に、一瞬とはいえ、こうした一抹の無念の思いがよぎらなかっただろうか。

立花隆氏と共に将来を嘱望された異色のルポライター児玉隆也氏は、がんのため三十八歳でこの世を去ったが、入院中、老人たちの「せめてあと十年は生かして」という会話を聞きながら、「この人たちの十年をこっちに下さい。私には、まだこれから大きくしなければならない子供がいるのです」とつぶやいたという。

笹本さんも児玉氏同様、地上にいくばくかの未練を残して逝《い》かなかっただろうか。取材前に抱いた、このような疑問が全く的外れだと気付くのに、さほど時間は掛からなかった。

取材を通じて改めて、「神様は殉教するにふさわしい人を選ばれる。神様に対して一抹の恨みにも似た情を持つ人を、神様が選ぶことなどなさらない」と痛感した。その意味で、笹本さんはまさに神様に選ばれた人である。

一片丹心は変わらない

一九五〇年三月二十三日、山梨県八田村に誕生した笹本さんは、法政大学哲学科を中退して間もない七三年四月、統一教会に入教した。

七五年に一八〇〇〇双の合同結婚式に参加し、杉江知恵子さんと祝福[※1]を受けた。一八〇〇〇双には世界宣教が天より願われ、笹本さんはまずマラウイ、次にザンビア、そして最後の任地国となったタンザニアに派遣された。

この海外宣教中、統一教会はキリスト教の異端ということで彼は秘密警察の尋問を受けたり、三日間の獄中生活を送ったりしている。普通の人ならば、心が傷つき、気持ちも委縮してしまいそうな出来事だが、笹本さんの信仰が揺れることはなかった。それには根拠がある。

入教前、登山が趣味だった彼は、冬山で道に迷い、雪穴を掘り、寒さの中でじっと救出を待ったことがある。「死」を覚悟する状況に陥りながらも、無事に助け出された。その後、統一教会に入教した彼は、神様と文鮮明師ご夫妻を、遭難の時の怖さを超えるような果敢な行動をもって愛したいと固く心に誓ったのである。

文鮮明師は、世界各地に天のみ言葉を伝えるために宣教師を送るご自身の胸中について、「砂漠に赤ん坊を置き去りにしてきた親の心情である」と吐露されている。一方、笹本さんは「文先生の深い愛に感謝し、私は、どんな困難な状況の中にあっても自分を犠牲にすると、何度も何度も決意しました」と語っている。

宣教先のマラウイでも、「この国で、私の生命は土になってもいい」と覚悟を決めていた。神様のみ旨（願い）が進むのであれば、喜んでそのために「供え物」になる覚悟に満ち満ちていた笹本さんだが、ただ意的なだけの信仰者ではなかった。

彼はアフリカの最高峰キリマンジャロに、祈祷のために登頂する一方で、若手画家として注目を集める活躍をしている。ザンビアで開いた個展に、各国大使が出席した。笹本さんは大統領の肖像画を描き、直接渡している。現地の人々の家族愛を描いた作品もあれば、アフリカの大地の叫びが聞こえてきそうな作品もある。

そんな彼の魂は昇天して、神様の領域に入ったと言っても過言ではない。ある霊通できる教会員との交流で、笹本さんは「殉教は本望」と語り、「何万回死んでも、何万回この頭をピストルで撃たれても、神様と文鮮明師ご夫妻に対する忠孝は、一片丹心は、変わらない」と明言している。

この純粋無垢《むく》の信仰の持ち主、笹本さんだからこそ、神様は「選ばれた」のである。

笹本さんは霊界から、こまやかな愛情を、地上に残した妻、知恵子さんに注いでいる。二十三歳で伝道され、三十歳で殉教。家庭生活わずか一か月。それこそ弾丸のように、彼は地上生活を駆け抜けていった。しかし……、知恵子さんの葛藤《かっとう》は、その日から始まったのである。

彼女は、当時を振り返り、率直に語った。

「夫が昇天した時、私は三十歳。正直、残された地上での五十年前後の生涯を一人で、愛の問題を起こすことなく生きていけるだろうか、という不安はありました」

知恵子さんの心は、「二つの思い」の間で激しく揺れた。一つは、再び祝福を受けて、愛し合い、子供を生みたいというものだ。もう一つは、笹本正樹の妻として一生涯を生き、養子を授かって育てる。もし、後者が神様の願いであるならば、そのための心の準備をしなければならない。

全く相入れない二つの人生のいずれが神様の願いか。一生を決定づける悩みの中で、周囲の人から養子の話をされたり、「原理の道は、一生涯独りで行く道である」とか、慰めの言葉や戒めの言葉を掛けられるたびに、知恵子さんは涙した。

そのことを世界宣教の責任者、郭錠煥《クァクチョンファン》先生に相談したことがある。郭先生は深刻な表情で聞かれて、「文先生にお尋ねします」と言われた。

それから一年後。知恵子さんは郭先生から「養子を取りなさい」と告げられた。それが文師ご夫妻の願いであると知らされた。彼女は、素直に「分かりました」と答えた。

「神様、文鮮明先生ご夫妻は、私を幸せにしたいと願っておられる。それを思って語られることに迷うことなく、従おう」と、心情の準備をしてきたのだった。

正樹さんが天に召されてから七年後の一九八七年、長男を授かった。そして、それから七年後の九四年五月一日、正樹さんが文師ご夫妻から表彰を受けた翌日、一つの奇跡が起

殉教者部門で表彰を受ける笹本知恵子さん
（1994年5月1日、韓国で）

きた。

「夜、夫が私の体に触れたのです」

実に、十四年ぶりの夫婦生活だった。

「表彰式の日、正樹さんに代わって、私が表彰状を受け取ろうとした瞬間、彼が私の体に入り、号泣したのです。あの瞬間、地上に生きる私と、霊界に生きる夫との間の障壁が取り除かれたように思います。まさに、神様の恩恵というほかありません」

夫が昇天し、再祝福の道を絶った当時は、もう夫婦の愛を深めることもないと思っていた知恵子さんだが、二人は今、肉体の生死を超えて愛をはぐくんでいる。

そして、長男に続いて二歳下の妹も授かった。当時、知恵子さんは三十九歳。人間的に見れば、すべてをなくしたかのように見えた知恵子さんであったが、彼女の最大の夢を、神様はすべてかなえられたのである。

「私は笹本正樹の妻であることを誇りに思い、感謝しています。もう一度、生まれてきても、笹本正樹の妻になりたいですね」と、ほほえむ知恵子さん。

これまでロシアやケニアで宣教活動をしてきた彼女は、二人の子供が社会人になったら、再び海外宣教に向かいたいという。

「主人が命懸けで神様のみ旨（願い）を愛し、世界の人を愛したように、私も頑張りたいわ」

知恵子さんは、夫に恥じない歩みをしようと努力している。笹本正樹さんを教会に導いた永井建夫《たけお》さんも、また永井さんによって伝道された人たちも、笹本さんを誇りに思い、彼に負けないよう頑張ると話している。私たちも、笹本正樹さんの[※2]兄弟姉妹として、恥ずかしくない歩みをしたいものである。

※1、祝福（結婚）

神様の願われる家庭、世界を築くことを誓い、文鮮明師ご夫妻の祝祷を受ける結婚。

※2、兄弟姉妹

キリスト教では同じ信仰を持つ信者を兄弟姉妹と呼ぶ。

「神様、万歳！」

渡辺　優

渡辺優（わたなべ まさる）

- 1953年８月４日　静岡県浜北市にて出生
- 1973年８月　世界基督教統一神霊協会に入教
- 1976年４月17日　アメリカのニューヨークで活動
- 1976年５月27日　黒人少年に殴られ意識不明
- 1976年６月１日　昇天（享年22）
- 2004年５月１日　殉教部門の特別功労賞受賞

名古屋市内に住む川谷裕《ひろし》さんが最初に伝道したのは、一歳年下の渡辺優《まさる》さんだった。川谷さんには今、すでに社会人になった三人の子供がおり、子育ての苦労と喜びを味わったが、渡辺さんも生きていれば、同じように子育ての喜びと悩みを抱えたに違いない。

だが、渡辺さんは子育てはおろか、結婚することもなかった。ニューヨークでの「ヤンキー大会」（一九七六年六月一日、ヤンキースタジアム）に向けての活動中、黒人少年の暴行を受け、一命を落としたからである。二十二歳という青春のまっただ中で、彼は殉教者となったのである。

意識が消えていく刹那《せつな》、「神様、万歳！」と叫んだ渡辺さん。一途に、神様のみ旨（願い）に捧げた信仰路程だった。

川谷さんは金沢工業大学一年の春休み、一九七二年三月に統一原理を聞き、五月初めに狭山湖で文鮮明《ムンソンミョン》師にお会いし、この時に結成された伝道団「世界統一十字軍」の一員となる。大学を休み、全国伝道に走り始めた川谷さんが、翌年六月十四日昼ごろ、山手線の五反田駅前で声を掛けたのが渡辺優さんだった。

精神的な強さと信頼

渡辺さんは、一九五三年に静岡県浜北市に生まれ、浜松工業高校を卒業後、上京。アンテナ工事株式会社に入社して、まだ三か月目だった。小学生の時、キリスト教宣教師が開いていた日曜学校に一年余り通ったことのある渡辺さんは、「神様はいると思いますか?」という川谷さんの問い掛けに、懐かしさを覚えた。

その夜の復興集会への参加を契機に、十日後には三日間の修練会に、夏には一週間の修練会に参加した。講義を聴き終えた渡辺さんは、講師の手を強く握り、「私は絶対にやり抜きます!」と決意を吐露したのだ。

以来、彼は会社が終わると、所属していた世田谷区の教会に直行して、教会活動に励んだ。しばしば終電にも間に合わず、歩いて会社の寮まで帰ったという。一人でも多くの人にみ言葉を伝えたいという情熱にあふれ、彼はやがて寮内でも伝道を始めた。

天真爛漫《らんまん》な性格の持ち主だった。小さいころは、魚釣りが大好きだった。ある時、知らずに他人の家の池で、錦鯉《にしきごい》を釣って帰宅。母親のみつさんが「これは、人が大切にしているものに違いない。元に戻してきなさい」と言うと、「そうなの?」と答えて、すぐに駆け出して返してきたという。

小学五、六年の時はクラス委員を務め、面倒見が良く、仲間の信頼も厚かった。中学では陸上クラブに所属し、中距離選手として市の大会にも出場した。そのころ彼は、「僧帽《そうぼう》弁《べん》閉鎖症」(心臓病)と診断されて、医師からはクラブ活動をやめたほうがよいと忠告を受けているが、在学中、最後まで運動を続けている。

高校ではアマチュア無線クラブに入った。クラブの仲間と一緒に、故障して捨てられたテレビを修理し、それを施設や一人暮らしの老人宅に取り付けに行っているようすが、地元新聞に紹介されたこともある。

統一原理のみ言葉は、そんな優しさと明るさにあふれた彼に、精神的な「強さ」を加えたように思われる。彼は周囲の教会員が驚くほど、熱心に、夜遅くまで伝道に投入した。

身長一六五・四センチ、体重五十二キロと小柄な彼が、水も全く飲まない、一週間の完全断食を決行。水を飲む普通の断食の三倍は苦しいと言われる完全断食中も、会社を一日も休まなかった。モーセを理想の信仰者と仰いだ。

二十一歳の誕生日を迎えた彼は、日記に、「決断の時」と題して、次のように書いている。

「……次に、今年、三月三日に城ヶ島における徹夜祈祷において、天の父と主のみ前にこの生命を捧げたがゆえに、もう自分がどのような命令によって反吐《へど》を吐いて、この地に倒れようとも、それは前向きに倒れて、必ずそこから何かをつかんで雄々しく立ち上がり、どのような苦しみも悲しみも、それは神の恵みであると感謝をして、完全に、神の心情を奪ってしまうことが、死力を尽くしたところから成就できるよう、努力したいと思うものであります」

日記の表紙の内側には、映画「塩狩峠」の主人公が、暴走する列車に身を投じて列車を止める直前の場面の写真が貼《は》られてあった。

「ヤンキー大会」に向けて

一九七六年四月十七日、渡辺さんは夢にまで見たアメリカ・ニューヨークの地に降り立った。

当時、天はこのアメリカで重要な神様のみ旨を進めていた。わずか二百年にして、世界最強の民主主義国家となったアメリカ。自らの命を捧げて、信仰の新天新地を求めたピルグリム・ファーザーズの精神を、神様は祝福し、世界をそのような愛と信仰で満たしてほしい、との願いを託した国だった。

だが、建国の精神を忘れてしまい、道徳的退廃にまみれてしまっている。このままではいけない。「アメリカよ、神に帰れ」という天の声を伝えるために、統一教会は「マディソン・スクェア・ガーデン大会」（一九七四年九月十八日、マディソン・スクェア・ガーデン）に続いて、「ヤンキー大会」（一九七六年六月一日、ヤンキー・スタジアム）に向けて全力を投入していたのである。

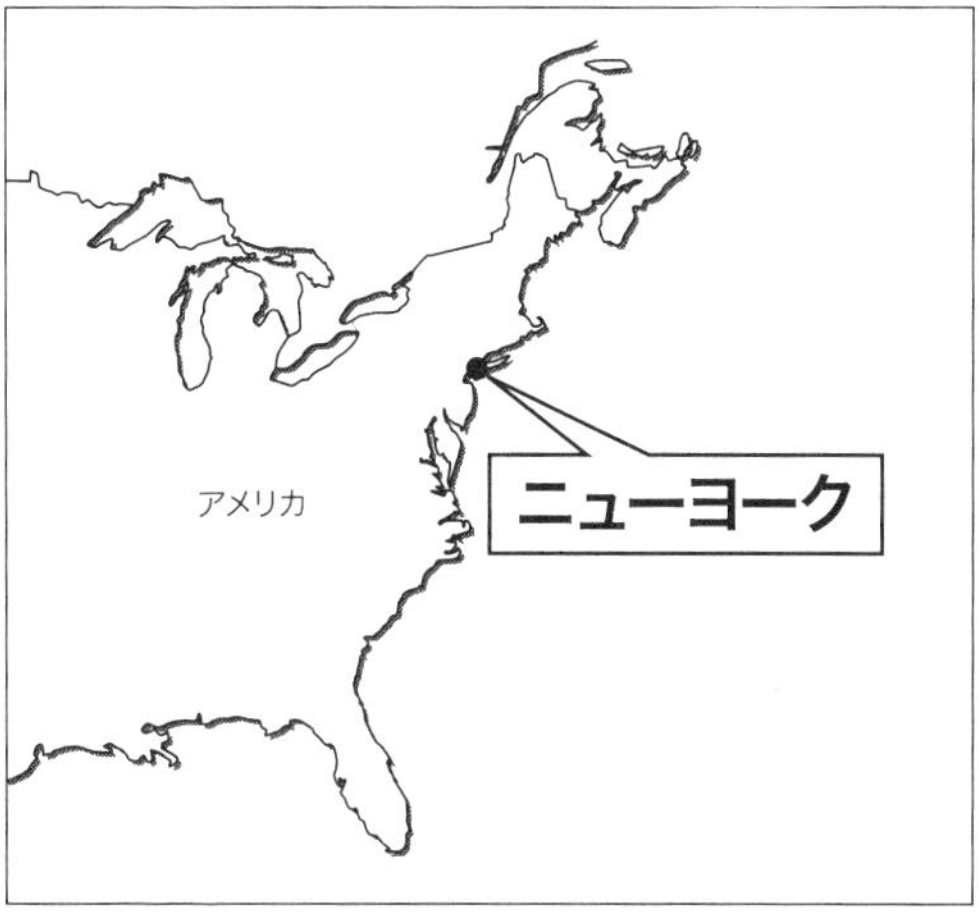

メンバーは早朝、真っ白なつなぎの服を着て、市内の清掃を行い、日中から夜にかけて家庭訪問をして、大会への参加を呼び掛けていた。渡辺さ

んも、その活動にすぐに加わったのである。

大会を間近に控えて一段と活動に熱がこもっていた五月二十七日のこと。渡辺さんは西洋人の青年メンバーと一緒に、割り当てられたブルックリン区内を訪問した。

夜八時二十分に訪問を終えて、二人は迎えの車を待っていた。とその時、一人の黒人少年が近づき、「何時か?」と聞いた。しばらくして、別の黒人少年が近づき、同じように時刻を尋ねた。

親切に時刻を教えていた渡辺さんの目が、少年の腕にある時計をとらえて、危険を察知した。少年は「その時計を見せてくれ」と言い、彼の時計を奪おうとする。素早く手を引き、ベンチから立ち上がり、走り去ろうとする渡辺さんの顔面を少年のパンチが痛打。つかみ合いの乱闘に、もう一人の少年が加勢に入った。

地方から出てきたばかりの西洋人のメンバーが、近くに助けを求めて戻ってきた時には、彼の意識は混濁していた。

三か所の頭蓋骨骨折、頸動脈切断、意識不明。日本から駆けつけた両親と、別れの言葉を交わすこともなく、六月一日午前一時、彼は息を引き取った。

六月三日。アメリカのニール・サローネン会長(当時)が主礼となって執り行われた告別式で、会長はこう語り掛けた。

「彼は自分のなしたことを後悔してはおりません。なぜなら、彼はアメリカのために死に、彼の名はアメリカと日本の歴史に、偉大な人として生きるであろうからです。悲しむより、私たちは、彼が私たちに示してくれた模範に従って生きることを誓うことによって、彼の死を誇らなければなりません。（略）そして、神様も、彼を愛し、誇りにしているのです」

渡辺優さんのつなぎ服を持つ信仰の親の川谷裕さん夫妻

告別式の行われた同じ日、ニューヨーカー・ホテルでは、ヤンキー大会の劇的な勝利の感動冷めやらぬ中、文師は集まった世界の教会員を前に、これからの神様のビジョンを力強く語られた。最後に、文師は渡辺さんの死に言及されている。

歴史的な追慕の対象

「今回、日本の一人の食口《シック》（教会員）が死にましたが、死んだ彼の父母に対して、私は本当に申し訳ないのです。それで久保木会長（当時）に指示して、『日本の食口たちがそこに行ったなら、彼の墓地を訪問するように』と言いました。それらすべてのことは、将来、統一教会の使徒行伝のような歴史的資料として残るので、その家は今後、歴史的な追慕の対象になるであろうし、彼の行跡は、永遠に、若者の胸に火をつけるだろうと思うのです（拍手）」（『真《まこと》の御父母様の生涯路程⑥』より）

涙ながらに語られる文師に、集まったメンバーもまた、涙を流しながら拍手を送った。

それから二十八年後、統一教会創立五十周年記念日の二〇〇四年五月一日。

渡辺優さんは文師ご夫妻から殉教部門の特別功労者として表彰を受けた。記念品を受け取ったのは、信仰の親の川谷さんだった。

　名古屋の自宅で川谷さんは、渡辺さんが愛用した白いつなぎを取り出して、彼の思い出を語ってくれた。

「彼が殉教した時、私は決意したことがあります。彼は生きてみ旨（神様の願い）を完成したかったに違いありません。彼に代わって、信仰の親として、彼の分まで頑張ろうと神様に誓いました」

　統一教会の会員は、四つの「親」を持つ。神様、人類の真の父母である文師ご夫妻、肉親である両親、信仰の親。

　渡辺さんは、み旨の完成とともに家庭の完成も願っていたに違いない。幸せな家庭を持つことが、最大の親孝行でもある。今は、霊人の祝福の道が開かれている。文師ご夫妻は、それを必ずや成してくださると信じて疑わない。

　それがかなう日、渡辺さんを心から愛した彼の家族もまた、悲しみを乗り越え、彼の生涯を誇りに思えるだろう。

アフリカに咲いたカサブランカ

城間礎子

赤道ギニアで。左端が城間礎子さん

城間礎子（しろま もとこ）

・1968年９月23日　沖縄県石垣市にて出生

・1987年６月　　　世界基督教統一神霊協会に入教

・1994年９月20日　赤道ギニア共和国で活動

※女性のための職業訓練校建設

（昇華後、「モトコ・スクール」と名称）

・1995年２月９日　脳性マラリアが原因で昇華

（享年26）

・2004年５月１日　殉教部門の特別功労賞受賞

二〇〇四年五月一日。世界基督《キリスト》教統一神霊協会創立五十周年の記念式典（韓国）で、五人の殉教者が表彰された。その中に一人の日本人女性が含まれている。沖縄県石垣市出身の城間礎子《もとこ》さんである。

一九九五年二月九日、活動中の赤道ギニア共和国（以下「赤道ギニア」）において脳性マラリアが原因で体調が急変し、病院に運ぶ時間もなく突然亡くなった。二十六歳だった。

第一報をお聞きになられた文鮮明《ムンソンミョン》師は「世界的基準で昇華式[※1]を行いなさい」と語られた。まだ祝福を受けていない教会員の昇華式を世界的基準で行うのは極めて異例なことである。

本来ならばニューヨークで行われるべき式だが、諸般の事情で遺体は日本に運ばれ、二月十九日、沖縄県那覇市で、神山威《たける》名誉会長を主礼に迎えて教会葬として行われた。ほほえむ礎子さんの遺影を、鮮やかなカサブランカの花が包んだ。

神様は、人間の熱心なる信仰の上に人類救済の道を開かれる。殉教した関係者を取材して、己の生涯を惜しまず神様に捧げた彼らに共通する人柄の第一が、み旨（神様の願い）

に対する激しいまでの情熱である。城間礎子さんもまた例外ではなかった。南国生まれの彼女は、接した人々の心にカサブランカのような鮮烈な印象を残して地上での日々を走り抜けていった。

海外活動へ出発

石垣島の空港に降り立ったのは二〇〇六年三月中旬。ハワイと同緯度にあるこの島の桜はすでに開花しており、陽春の気候だった。姉の広実さんに案内され、車で二十分余り北上した、太平洋を見下ろす高台に礎子さんが眠る城間家の墓がある。

その墓は、信仰心の篤《あつ》い父、廣《ひろし》氏が、礎子さんが亡くなる前に造ったものだが、普通の墓と違い、十字架を連想させる独特のデザインである。二十代の若さで死んだ、愛する娘が寂しがらないようにと、父親は墓碑の周りにさまざまな花を植えた。

統一教会のみ言葉に最初に触れたのは姉の広実さんで、大阪の看護学校の学生の時だった。二十二歳で献身的に歩むことを決意したが、両親や親戚《しんせき》が猛反対した。「平和な城間家に、大地震が起きたようなものでした」と振り返る広実さん。しかし広実さんの信仰は揺るがず、学校を卒業しないまま献身的に歩む道を選んだのである。

礎子さんは広実さんより五歳年下の四女。東京の短大に進学し、すぐに姉に導かれて教会の教えを学ぶようになった。二人は共に父親を尊敬していた。

「人の悪口を嫌い、理想の世界について語る父の言葉が、小さいころからの私たちの人生の指針でした。父は、『信仰を持ったらよい』とも言ってくれたのです」

理想主義者であった父の血は、この二人に、とりわけ色濃く引き継がれたのかもしれない。礎子さんも献身的に歩む道を望んだが、姉の広実さんは反対した。そんな二人が共に希望していたのは海外での奉仕活動だった。二人は話し合い、礎子さんは海外に、姉の広実さんは故郷の石垣島に戻ると決めた。

一九九四年九月二十日、礎子さんは仲間と一緒に、成田空港を発《た》った。

父の廣氏は礎子さんの海外行きを反対していた。それでも、旅立つという娘の健康を案じて「激励」と題した電報を打っている。その電報には、谷村新司の「いい日旅立ち」のメロディーが付いていた。礎子さんは、赤道ギニアでそのメロディーを聞いては望郷の念を募らせ、幾たびも涙したという。

赤道ギニアからの手紙

まもなく彼女は姉に、「氏族に年賀状を出したいので名簿を送ってほしい」と連絡した。そのやり取りの中で、父親に統一教会の教えを学んでもらえるように、一緒に祈ろうと決めたようだ。「理想主義者の父が、『統一原理』を聞けば、きっと喜ぶだろう」と考えた広実さんは、こんな祈りを始めた。

「父がみ言葉を聞き、神様のみ旨の道に立つのならば、自分の命は惜しみません。父が追い求めながら、いまだ手にできていないものこそ神様のみ言葉です。どうぞ、父が神様の教えに触れることができますように。父が信仰を持てば、氏族もきっと動くはずです……」

広実さんは「自分がこんな祈りをしているのだから、妹の礎子もきっと同じような祈りをしているに違いない」と確信している。それは単なる思い込みではない。

礎子さんが赤道ギニアに出発した翌年一月十七日未明、神戸市一帯を記録的な大地震が襲った。当時、礎子さんのすぐ上の姉が被災地の神戸市灘区にいたが幸い、難を逃れた。その姉の無事を喜ぶ礎子さんの手紙の中に「家族の身代わりになれるなら、喜んで自分が犠牲になろうとまで考えた」と記していたのである。

軍歌が好きで、竹を割ったようにまっすぐな性格。涙もろく情に厚い礎子さんだった。一緒にみ旨を歩んだ先輩の石井利一《りいち》さんは、彼女が「今の日本のこの状況を見ると、本当に苦しい。なぜこのような重要で大変な時に、日本の人は平気な顔をしているんですか」と涙ながらに訴えた真剣なまなざしをよく覚えている。

日本で共に活動した深井佐恵子さんは、「私は体が弱かったためにいろいろと迷惑を掛け、食事を運んでもらったりしたこともありました。健康な城間さんと弱い私が一緒になるなんてうまくできているね、と笑ったこともありました。沖縄という暑い所で育ちながら暑さに弱いと言っていたのに、またさらに暑いアフリカの国に行くことになって心配しましたが、本人はとても希望に燃えてうれしそうでした。青春時代を神様のために生き、忘れられないたくさんの思い出を残した二十代だったと思います」と振り返る。

地球星《ぼし》ではすべてが兄弟姉妹

礎子さんは姉への手紙で、現地での苦労を率直に吐露しながらも常に前向きだった。一九九四年十月末の日付で出された広実さんへの手紙の終わりには、こんな一文がある。「寝る前に家族みんなの名前を挙げて祈ると必ず（家族が）夢に出てきます。日本にいる時は全く夢など見たことがないのに、不思議です」

一方、父親の廣氏には「アフリカはとても素晴らしい所です。欠点もたくさんあると思うし、解決していかなければならない問題もあるけれど、その手伝いをできるのがとても感謝です。言葉の大きな問題がありますが、ない頭を絞りながら頑張ります」としたためた。

廣氏が現地の彼女あてに出した手紙の中には、「礎子は『教会ではすべてが兄弟姉妹』と言いますね。それではまだまだ青いというもの。『教会では』を『この惑星地球上では』と置き換えて言えるようにならねばいけないと思います」と理想家肌の父親らしい言葉での激励があった。

　また、ほかの家族の者が教会の教えを学んでくれないことに愚痴をこぼす娘に対して、「『敵をも愛する』キリストの底知れぬ深い哲理には程遠いのではないでしょうか」と優しく諭《さと》す手紙を送っている。だが、その手紙の行間からは、理想や信仰の世界を論じるまでに成長した娘に対する父親の喜びさえ感じることができる。

　石垣島の自宅で父親の廣氏は、礎子さんの小さいころの思い出を静かに語った。

「礎子は六人兄弟の末っ子で、姉たちに世話を任せていました。そのせいか自立心が旺盛で自分のことは自分でする子でした。妻が電電公社（現、ＮＴＴグループ）に勤務していましたが、礎子は母乳以外受け付けず、妻は休憩時間に授乳のために自宅に帰り、また急いで職場に戻っていました。母との接触を人の何倍も持とうとしたのは、短い人生を予感してのことかなと思うことがほかにも幾つもあります。

　本土でも三か月に一度は診察を受けていて、あまり丈夫なほうではなかったので、海外行きには随分反対しました。それでも医師に相談したら、半年を海外で半年を日本で暮らすという形なら大丈夫でしょうと言われて……。もうすぐ帰国する矢先の出来事でした」

　遺体を日本に運ぶ途中のギリシャで診断してもらったところ、脳性マラリアによる心拍

女性のための職業訓練校「モトコ・スクール」

停止と告げられた。亡くなる前日まで体調は良く、一緒に活動していた姉妹たちも「とても元気だった」と言う。

　赤道ギニアで礎子さんと交流のあった国際協力事業団（JICA）の阿部七郎さんは、海外に出てわずか五か月足らずで娘を亡くした父の無念を思いやって、礎子さんが亡くなった直後に、廣氏あてに天真爛漫《らんまん》で勇ましくも人情にもろい礎子さんを偲《しの》びつつ、手紙をしたためている。

「礎子さんの場合、あの時こうすればとか、ああすればとかいう後悔じみたことは、失礼ながら必要ないのではと思われます。短いつきあいではありましたが、自分の運命に忠実に生きたという印象を、日ごろの行動から受けました。

　ご両親からすれば、こんな異国の地でと悔やまれることではありましょうが、決してそうではありません。礎子さんは人を恨むこともせず、何の邪心もなく自分の人生を全うした。そう思いますし、また、そう思ってあげなければならないような気がいたします」

女性のための職業訓練校「モトコ・スクール」建設

礎子さんの死から三年後。現地には女性のための職業訓練校が建設され、「モトコ・スクール」と名付けられた。さらに幼稚園や小学校も建設された。周囲には学校がないため、文部省や父母から感謝され、開校式には政府高官や多数の父母が参席したという。

一粒の愛の種は、アフリカの大地に根を張り、ようやく美しい花を咲かせようとしている。礎子さんの精神は、この地を訪ね、活動する兄弟に語り継がれるであろう。その名を冠した学校や職業訓練校を卒業した人々の心にも記録されることであろう。

広実さんは最後に、「妹と約束した祈りを実現するために頑張りたい。それこそが、赤道ギニアに出掛けた妹の唯一の心残りであったに違いないから」と語った。

※1、昇華

世界基督教統一神霊協会の教理である「統一原理」では、人間は霊人体と肉身から成っている。死は亡くなったり、永眠することではなく、永遠の霊の世界への新しい旅立ちである。これを昇華という。一般の臨終に当たる。

ジャルジンの守護神

金榮喆

金榮喆（キム ヨンチョル）

・1966年5月10日（陰暦）韓国全羅北道南原にて出生
（6人兄弟の末っ子）

・1985年８月30日　世界基督教統一神霊協会に入教

・1992年８月25日　国際祝福（相対者6500双）を受ける

・1998年４月　日本宣教へ。愛媛県宇和島教域長

・1998年11月８日　ジャルジン40日修練会に参加

・1998年11月27日　溺れる二世たちを助け、力尽きてそのまま川に流され、昇華（享年32）

・1998年11月29日　昇華式の朝、文鮮明師から「向志」の称号が贈られる

一九九八年十一月二十七日、ブラジルのジャルジンで第三次「世界平和と理想家庭のための四十日特別修練会」が行われていた。その最中、川でおぼれた二世(教会員の子供)たちを命懸けで救出しながらも、力尽きて天に召されたのが金榮喆《キムヨンチョル》宣教師だった。金宣教師に対して、文鮮明《ムンソンミョン》師は「向志《ヒャンヂ》」の称号を贈られた。

「ジャルジンの悪霊を退け、ジャルジンの霊界を統一する立場として天のみ旨(願い)を伝えるジャルジンの守護神になれ!」との願いが込められている。

妻の小幡沙由美さんは、「心から個性完成を目指して生きた夫にふさわしい称号ですね」と静かにほほえんだ。

おぼれる二世たちを救出

一九九八年十一月二十七日の午後、「銀の川」と呼ばれる川で遊びたいとせがむ子供たちを、金宣教師が引率した。小中学生ら七人で、うち五人が日本の二世だった。川遊びに興じ、滝のそばではみんなで記念写真も撮影した。

「さあ、もう帰ろう！」。午後三時半ごろ、金宣教師が呼び掛けたが、「やだ、もっと遊びたい」と子供たち。その後、蟹《かに》捕りのわなが仕掛けてある場所に移動中、急に深くなった所で一人が足を滑らせた。手をつないでいる他の子供も引っ張られた。近くにいた少年がとっさに助けようとして川に入り、おぼれてしまう。子供たちの悲鳴があちこちに響き渡り、パニックとなった。

金宣教師はすでに服を着て、靴を履いていたが、全力疾走で現場に駆けつけて、川に飛び込んだ。二十一歳のジョンソン君を浅瀬に戻し、小学三年の少女を助けようとした。

だが、少女は恐怖から彼にしがみついてしまう。足を痛め、体力を消耗しきっていた金宣教師。彼は最後の力を振り絞って、その少女を浅瀬に押し出し、ジョンソン君が受け取るのを確認した。三年の軍隊経験があり、三十二歳の若い彼にも、勢いのある川の流れに逆らって岸に戻る体力は、すでに残っていなかった。

いや、彼だからこそ、流れの強い川から二世たちを全員救出することができたと見るべきだろう。

彼の遺体は、翌二十八日に発見された。事件の概要が文鮮明師に報告された。尹晶老《ユンヂョンノ》副院長が昇華式をどのようにすべきかを文師にお尋ねすると、次のように語られた。

「人間は長く生きたからといって良いのではない。死ぬ場をよく探して死ななければならない。どういう姿で死ぬかが重要なことだ。死ぬとき素晴らしく死ねば、永遠に生きる。素晴らしく死に、良い所に行って生きるのも良いことである。尊い昇華だ。宣教師というところが意味深い。金宣教師の動機が善かった」

さらに、「もし、このような供え物がなかったならば、事故がまた起こるだろう。よって二度と事故が起こらないようにしなさい。このような犠牲が二度とないようにしなさい。三十二歳の人生はあまりにも短いが、功労者として神の国に行けることが尊いことだ。事故だと思わないで、二世と日本のために犠牲になったのだと尊く思いなさい。尊い仕事をして逝《い》ったので、あの世でも尊い仕事をすることができるのである」と語られた。そして金宣教師の昇華を高く評価され、二十九日の昇華式の朝、「向志」の称号を与えられたのである。

二十八日午後五時に行われた帰歓式[※1]で、周藤健先生は、「文先生の中心的み言葉『ために生き、ために死ぬ』は究極の愛だが、それをとっさに判断して実践するのは、実に難しい。それまでの人生の最後の結晶である」と語っている。

もし、二世を救おうと川に向かう刹那《せつな》、金宣教師の脳裏に四人目の子を宿している妻や、まだ幼い息子たちのことが思い出され、「あまり無茶をしないほうがよい……」などという気持ちがよぎれば、果たして、二世たちはどうなっていたことだろう。

だが、彼は迷うことなく、二世の子供たちを身を挺《てい》して救出したのである。二世を助けるために自らの命を捧げた興進様《フンヂン》の姿を彷彿《ほうふつ》させる、金宣教師の尊い昇華だった。

金榮喆宣教師の勇敢な行動を称《たた》えた追悼集『向志』(天地成誌社刊、日韓二か国語で収録)が、一九九九年四月二十九日に出版されている。

さて、周囲には、出産を間近に控えていた沙由美さんの心痛を思いやって、「すぐに日本に子供を連れて帰りなさい」と言う人もいた。しかし、金宣教師は「ジャルジンで子供を生もう」と修練会が行われるジャルジンに来てからすぐに言い出していた。事故が起きた朝も言っていた。「だからこそ、最後の彼の願いを聞いてあげたい」と沙由美さんは考えた。そうすれば、南米のプロジェクトに深い感動を覚えて、修練院の金潤相《キムユンサン》院長にジャルジンで働きたいという希望を告げていた夫も、どれほど喜んでくれるだろうか。

ジャルジンで子供を出産

出産を目前にして夫を突然失い、悲しくなかったかと言えばうそになる。しかし、最も悲しいのは神様である。その神様の前で、私自身まで悲しむわけにはいかない。そう自らに言い聞かせて、じっと耐えた沙由美さん。だが、修練院という公的な場所に、幼い子供四人を抱える私がいてもいいのだろうか。相談した金院長は、現地での出産を勧め、小山田秀生《ひでお》先生も賛成された。

三人の息子と娘は現地の私立ニューホープ学校に通った。合計二百人の生徒が学ぶこの学校では、教会員の子弟は半分で、残りは一般の子供たちという。

沙由美さんは、ジャルジン修練院の事務所でスタッフとして働きながらの育児で忙しい日々を過ごした。

彼女が二〇〇六年六月に韓国での天正宮博物館奉献式に参加した足で日本を訪ねると聞き、東京の本部教会で直接インタビューした。

愛を交わし合った日々

金宣教師は一九六六年五月十日、韓国全羅北道《チョルラプクド》南原《ナムウォン》に六人兄弟の末っ子として生まれた。妻の沙由美さんによれば、母はこのとき四十歳。経済的に裕福でなかったため、いっときは生むのを断念しようとも思ったが、示唆的な夢を見て出産を決意したという。

中学三年の時、礼拝堂でイエス・キリストが自分を手招きしている幻を見る。そして建国大学建築工学科に入学した一九八五年、「文鮮明師とはだれか」と題する講演会を聞いたのが、「統一原理」との出会いだった。翌年から約三年の軍隊生活を経て、大学に戻った彼は、原理研究会の活動に専念。学内の左翼グループと激闘が繰り広げられた。やがて、原理研究会は廃部に追い込まれる。精神的に限界の中で、彼はみ言葉を学ぶことに没頭した。この挫折《ざせつ》を契機に、彼は己の信仰を一段と深めた。

馬になって家族と戯れる金榮喆宣教師

沙由美さんは振り返る。
「彼は、み言葉の人でした。訓読、訓読、訓読の人でした。訓読を条件の一つという意味合いで受け取る人もいますが、彼は真剣でした。読んで考える。考えて読む。個性完成、人格完成のために読む。その姿勢はすごかったです。訓読だけでは満足せず、文先生の肉声で聞きたいとテープを探し、ダビングして教会員に配布したこともありました」
彼の関心は個性完成だった。個性完成して祝福を受けることを念頭に置いていたようだ。
一九九二年の三万双の

マッチングの時、警備を担当した彼は、文師が真剣にマッチングをされる姿に感銘を受け、半月の間で祝福を受ける決意をする。そして、マッチングされたのが沙由美さんだった。

わずか六年の夫婦生活だったが、二人の濃密な時間、深い会話は先輩家庭にも負けないというひそかな自負が彼女にはある。こんな会話を交わしたこともある。

「きょう一日、神様のことを何度考えたの」

「二十四時間よ」

「じゃ、僕のことは？　僕はずっと君のことを考えていたのに」

彼は心から妻を愛し、明るく、ユーモアの持ち主だった。沙由美さんには忘れられない光景がある。

夫がお馬さんになって、三人の息子を背中に乗せる場面だ。そのうれしそうな表情が焼きついている。息子三人がいて初めて父親は大きな仕事ができる、そう確信していた彼は「この恩恵をどう天に返していけばよいだろうか」と妻に尋ねている。

一九九八年四月、宣教師として愛媛県宇和島市に行くことが決まった。「宇和島という地名は、宇宙を和合するという意味がある。霊的につけられた所だ」と語り、宣教師としてこの地と教会員を愛した。それから七か月後の十一月八日、家族はジャルジンの地を踏む。それから十九日後、事故が起きるのであった――。

夫が眠るジャルジンの地で四人の子供を育てる彼女に、微塵《みじん》の暗さも感じられない。

「人からは、四人もいて大変でしょうと言われますが、それは違いますね。四人いるから頑張れるのです。もし子供が一人だけだったら、あまりに寂しい。私がみ言葉を訓読している姿を見て、喜んでいる夫を感じます。み言葉を読んでいると彼も一緒に読んでいる感覚です。霊界では夫の中に妻が、妻の中に夫が存在すると言いますが、それに近い感覚ですね」

新たな生活を求めて

筆者が沙由美さんに取材した時、夫の墓を韓国に建て、子供たちを韓国で学ばせたいという気持ちがあると語っていた。

だが、小さな子供だけ韓国に送ることもできない。かといって、家族で韓国に行っても、言葉の問題や生計を考えれば現実的ではなかった。夫の友人らとも相談した結果、日本に戻ることに決めた。

「長男が中学生なら学校の手続きもそう難しくないと聞いて判断しました」と沙由美さん。

周りの人も賛同してくれ、家族は二〇〇七年六月三十日、日本の地を踏んだ。九月から新学期が始まると思っていたが、故郷に近い金沢市の学校は二学期制をとっており、二学期は十月からという。

ブラジルでは、学校のカリキュラムは午前中だけのゆったりとしたものだった。ところが、九月から通い始めた学校は、授業は密度が濃く、学期末の試験や運動会などたくさんの行事があり、親も子も随分面食らった。

とりわけ、上の子は教科書に漢字が多いため苦労したという。子供たちは、学校とは別に、半日の間、日本語教室に通い、学校の授業についていこうと懸命だ。

子供たちの胸中を沙由美さんがこんなふうに語った。

「子供たちは自分たちがなぜ、ブラジルにいたのか。なぜ日本に来たのか。身近にいない父親のことも考えざるを得ないようです。そして、子供の中には『君のお父さんは素晴らしい人でした』と言われるのが負担である、と話す子もいました」

沙由美さんもまたパート勤めをしながら、夫の願いであった氏族伝道を進める道を模索している。そしていつの日か、自分の息子、娘だけでなく、肉親や親戚《しんせき》も、夫婦の生き方を理解してくれ、夫の生き方を天晴《あっぱ》れ、と褒めてくれる日が来るように、と努力している。

※1、帰歓《きかん》式

昇華者が天国に帰っていく式。一般の通夜に当たる。

母に受け継がれた精神

小幡憲昌

小幡憲昌（おばた のりまさ）

・1956年5月10日　長崎県にて出生
・1976年9月　世界基督教統一神霊協会に入教
・1985年9月　志願して渡米、テネシー州ナッシュビルで活動
・1986年3月19日　公園で訓読中、銃撃され昇華（享年29）
・2004年5月1日　殉教部門「真の父母賞」を受賞

八年前、筆者はフィリピンでイスラム過激派、アブ・サヤフとの戦闘中、ロケット砲に狙《ねら》われて即死した二十二歳の国軍の少尉の遺族を取材したことがある。彼の殉職はフィリピン国内で大きな反響を呼び、アロヨ大統領自ら弔問に訪れ、軍は彼を中尉に昇進させ、恩給も支給した。「国家の英雄であり、家庭でも英雄ですね」と尋ねると、父親は少し寂しげな表情をつくってこう語った。

「確かに息子は英雄です。国のために軍隊が命を懸けていることを国民に改めて示したからです。たくさんの表彰を受け、昇進もした。すべては彼の犠牲と努力の賜物なんだ。でも、これらのすべては、彼が生きて受けてほしかったよ」

こんなやり取りを思い出したのは、二十九歳で殉教した小幡憲昌さんの信仰の親、関根輝夫さんが毎年、千葉県木更津市で開催される彼の追慕礼拝[※1]で、「彼のために何もしてあげられなかった、信仰の親としての不足を詫《わ》びるような気持ちで参加させていただいております。そして、彼の殉教は、私にも責任があると思っています」と語ったからである。

小幡さんは、二〇〇四年五月一日の世界基督教《キリスト》統一神霊協会創立五十周年記念式で、「殉教部門」の「真《まこと》の父母賞」が贈られた。

復帰歴史の中に永遠に刻まれる歩みを残した一人の青年を伝道した関根さんであるが、その兄弟の永遠の命に責任を持ち、その兄弟の幸福を願った一人の「親」である。家庭も持たずに地上を去った信仰の子女への哀切の情は、我が子を昇華させた経験のある者しか実感として分からないだろう。

復帰摂理には、教会員たちの尊い血が流されてきた。そしてその教会員を愛した周りの教会員たちの「心の血」も流されてきたのであるが、その場面を目撃せざるを得なかった神様の心情も、私たちは忘れてはならない。

伝道に燃えた学生時代

一九五六年五月十日、長崎に生まれた小幡憲昌さん。彼は、一九八六年三月十九日午前十時過ぎ、米国テネシー州ナッシュビルで英語版『御旨と世界』（日本では現在、『祝福家庭と理想天国Ⅱ―御旨と世界』のタイトルで出版）のみ言葉を訓読中に、背後から銃で撃たれて亡くなった。

埼玉県の獨協大学法学部に入学した年の六月、彼は原理研究会に入った。そのときの関根さんの勧誘方法は、ユニークとしか言いようがない。

そのころ、聖書に関心を持ち、熱心に読んでいた小幡さんに関根さんは、「聖書には本当の真理は書かれていない」と、やや挑発するような言葉で話し掛けたという。

「そんなことはありません」。小幡さんも関根さん同様、人一倍正義感の強い若者だった。そんな小幡さんは、み言葉にスパークするや、神のみ旨（願い）の実現に燃えて熱心に活動を始めたのである。少し童顔の小幡さんだが、非常に意志の強い青年だった。

教会に入教し、高校生部の教育を担当した小幡さんは、いつも埼玉県越谷市の大袋駅前にたった一人で立ち、伝道活動を行い、六人の高校生を伝道した。さらに一年間、大学を休んでドイツに宣教に出掛けたりするなど、とにかく伝道に燃えていた。

先輩の谷口伸子さんは、二十数年前を振り返り、「小幡さんは周りの兄弟に対して世話好きで、外見などを全く気にしません。こうと決めたら何が何でもやり遂げるタイプでしたね」と語る。

母親の昌子さんは、憲昌さんが一人っ子ということもあり、好きなようにさせてあげたかったようだ。

「一人だけですから、二人分大学に通ったと思って八年間いっぱい大学にいましたね」と静かに笑う。

さすがに八年目の春には「今月分の学費は出すけど、来月からは自分で稼ぎなさい」と言い渡した。その言葉を守り、憲昌さんはアルバイトをしながら、無事に大学を卒業した。

母への手紙

八五年九月、自ら志願して米国に渡った。もちろん宣教のためである。彼に与えられた任地が、テネシー州ナッシュビル。この地に来て半年後に、彼は千葉県に住む母親にあてて、一通の手紙を書いている。

冒頭、「食べたいと思っていたお餅《もち》や、それからラジカセを、どうも有難うございました。新しい物だったので驚きました」と母親の心遣いにお礼を述べたあと、憲昌さんは己の胸中を吐露して、次のようにつづる。

「『もし世界を得ても生命を失ったら何になろうか。得ようとする者は失い、失おうとする者は得るであろう』という聖句がありますが、公的に生き、犠牲になって死んだとしても、永遠に住む本郷の地、霊界でどれだけの喜びを得るでしょうか。愛したという心情の実績だけが、霊界に持って行くことのできる私たちの宝です。自分は、自分に一粒の麦となって死ぬことを許してくれるお母さんを本当に誇りに思います」

続いて、自分は氏族の代表という意識で米国に来ているのだと言及し、再び「自分は本当に感謝しています。お母さんがいたから、今まで生きてこれました。そして、良い祭物となることができます。国のために、米国のために、氏族のために、お母さん、本当にありがとう。本当に感謝します。もしできるなら、自分が良く生き、良く死ねるように祈ってくだされば幸いです」と、感謝とともに並々ならぬ決意を披歴《ひれき》してい

る。

統一教会では、人間が己の欲望や自己の個人的な思いを超えて、神の願いに、我が身を捧げることを「祭物精神」と呼ぶ。

だが憲昌さんの手紙には、そうした犠牲精神を突き抜けた、何か悲痛な決意が漂っているように思えてならない。ここには、〝現代のローマ〟米国の大地を踏んだ二十代の若者の溌剌《はつらつ》とした意気込みや明るさはない。

周囲から見れば、物静かで穏やかに見えた彼だが、その内面には太陽のように熱い思いを秘めていた。神様が祝福して短期間に世界一となった米国に対する神の真の願いと、現実の米国社会との間にある、あまりに激しいギャップに嘆き、その深い溝を埋めるためならば、喜んで我が身を差し出そう――。そんな覚悟を、彼はひそかに心に抱き始めていたのではないだろうか。それを日本に一人残る母に伝えたのが、この手紙のように思えてならない。

だが、我が子の「遺書」のような手紙をもらって、気分の良い母などどこにもいない。「縁起でもないわ」。そう思って母の昌子さんは返事を出さなかったという。

小幡さんはその後、谷口伸子さんにも似たような文面の手紙を出していた。

郵　便　は　が　き

おそれいり
ますが50円
切手をお貼
りください

150 - 0042

（受取人）
東京都渋谷区宇田川町
37-18　トツネビル３Ｆ
（株）光言社
愛読者係　行

ご応募くださいました方の中から毎月抽選で10名の方に光言社の製品（書籍・ビデオ・写真・はがきセットなど）をお贈りします。

通信欄

今後どのような内容の本をご希望か、お聞かせください。
また、ご要望、その他なんでもお聞かせください。

お買い上げいただいた書籍名（お買い上げ日　　月　　日）

本書を何でお知りになりましたか

□広告を見て（紙誌名　　　　　　　　　　　　　　　　　　　）
□人に勧められて（　　　　　　　　　　　　　　　　　　　　）
□書店の店頭で見て
□当社からのFax案内を見て　□ポスターを見て　□ホームページを見て
□その他（　　　　　　　　　　　　　　　　　　　　　　　　）

本書についてご感想をお聞かせください（この項は必ずご記入ください）

フリガナ お名前	生年月日　　　　歳 年　月　日	性別 男・女
ご住所　〒 お電話（　　　）　－ E-mail：		
ご職業　1.会社員　2.公務員　3.自営業　4.自由業　5.主婦　6.学生　7.その他（　　　　）		

ご購読ありがとうございました。今後の出版企画の参考にさせていただきます。
E-mail、Faxでもご応募できます。

E-mail：dokusha@kogensha.com　Fax：03-3468-5418

「近々、黒人牧師の教会で証《あか》しをするようになっているので祈ってほしい。……自分は今、自分の身の上に起きるすべてのことに感謝できる境地になったので、安心してください」

こう記して、ヨハネによる福音書第十二章の有名な「一粒の麦が地に落ちて死ななければ、それはただ一粒のままである。しかし、もし死んだなら、豊かに実を結ぶようになる」という聖句が添えられていたという。

息子の「笑顔」

小幡さんが母の昌子さんに出した手紙の日付は、一九八六年二月八日だった。それからちょうど四十日後の三月十九日。憲昌さんは、教会のメンバーがよく祈祷するために集まる教会近くの公園で、英語版のみ言葉集『御旨と世界』を訓読している時、銃撃されたのだった。

翌週の日曜日に黒人牧師の教会で話す準備のためだったのだが、皮肉にも彼を撃ったのは別のキリスト教会の黒人牧師の息子で、麻薬常習者だったという。

母親の昌子さんにしてみれば、女手一つで育て上げた、目に入れても痛くない一人息子の突然の死。激しい怒りの矛先《ほこさき》を統一教会に向けたとしてもおかしくはなかった。だが、昌子さんはそうはしなかった。

米国で変わり果てた憲昌さんの遺体と対面した昌子さんは、不思議な感動に包まれたのである。

「息子を見た瞬間、驚くほど良い顔をしていました。銃で撃たれたのであれば、苦しみで顔が歪《ゆが》んでいてもおかしくない。ところが、今にも笑い出しそうな、いい顔をしているのです。これはどういうことなんだろう。その時、彼の青春、彼の人生を決定づけた教会の教えを聞いてみないといけないな、と思ったのです」

昌子さんは、その年の夏には三日間、次に五日間のセミナーに参加した。

「正直、最初はよく分かりませんでした。でも摂理的同時性を聞いて衝撃を受けました。歴史はうそを言わないと思いましたから。次第に『原理』の価値というものが理解できるようになったのです」

憲昌さんは死んだ。だが、ただの「死」には終わらず、海を隔てて別々に暮らしていた、愛する母親を伝道したのである。そして、統一原理を学んだ昌子さんは自分の母を伝道した。こうして息子から母親、そして祖母へとみ言葉は広がっていったのである。

文師ご夫妻から殉教者部門で表彰を受ける母親の小幡昌子さん
（2004年5月1日、韓国で）

小幡さんが生涯を通じて愛した米国でも、多くのクリスチャンや牧師らが伝道された。

現在、黒人牧師たちが積極的に文鮮明師ご夫妻を証しし、神のみ旨をリードしていることと、小幡さんの殉教、昇華とは深いところで結びついているに違いない。

「一粒の麦」は死に、数知れない人々の霊的命を復活させた。彼の最後の手紙の内容は文字どおり豊かに成就したと言えよう。

木更津で昌子さんは模範的な活躍をした。統一教会五十周年の記念式で息子、憲昌さんに代わって文師ご夫妻から表彰を受けた時、「これで、息子も浮かばれたと思いました」と昌子さんは喜んだ。
迷いや寂しさがなかったと言えばうそになる。

「時々、もし息子が日本にいたら、死なずに済んだだろうかと思うこともありました。しかし、自分の好きな道を歩み、好きな国に伝道に行けたのですから、彼は本望だったと思います」

昌子さんは教会で、若いメンバーや女性教会員から「お母さん、お母さん」と慕われている。その言葉を耳にするたびに、いつの日か霊界で再会する最愛の息子から、「お母さん、立派な人生だったね」と褒められる生き方をしなくては、と思う昌子さんである。

※1、追慕礼拝
昇華した教会員を偲《しの》んで捧げる礼拝。

文先生への一筋の思い

姜英姫

姜英姫（カン ヨンヒ）

・1962年２月18日（陰暦）韓国京畿道抱川にて出生
・1974年　中学生の時、友人から伝道され入教
・1988年10月30日　6500双日韓祝福を受ける
・1998年12月25日　千葉県浦安市で車にはねられ昇華（享年36）
・1998年　文鮮明師が「心一女」と揮毫

世界基督《キリスト》教統一神霊協会創立から今年（二〇〇九年）十月で五十周年を迎える日本統一教会では、毎年二、三百人の教会員が昇華する。死因としては、老衰、病気によるものがほとんどだが、不慮の事故によるものも幾つかある。もちろん、これらは「殉教」には含まれない。

交通事故で即死した姜英姫《カンヨンヒ》さんの昇華式は、わずか二、三日の間に、教会主催から教区主催、そして日本統一教会主催へと変わっていった。彼女の死が殉教と判断されたからである。

海外宣教中に銃で殺されるというような「激しい殉教」に比べれば、彼女の場合、それは「静かなる殉教」とも形容されよう。「なぜ、名もなき女性の交通事故が殉教に該当するのか……」と、夫の外舘孝則《とだてたかのり》さんも所属する教会の教会長も、当初、戸惑いを覚えたという。実は筆者も同じような印象を抱いていた。

だが、取材を通じて初めて知った。姜英姫という女性は、心は白銀のように清らかで潔く、そして人格完成、理想世界実現に向けて、激しいまでに一途な情熱を燃やした教会員だったと。

その清冽《せいれつ》な生涯を振り返ると、ジョン・ウェズリーがつづった詩の世界を彷彿《ほうふつ》とさせる歩みだった——。

君ができるすべての善を行え
君ができるすべての手段で
君ができるすべての方法で
君ができるすべての場所で
君ができるすべての時に
君ができるすべての人に
君ができる限り

姜英姫さんは一九六二年二月十八日（陰暦）、韓国京畿道抱川《キョンギドポチョン》に生まれた。中学生の時、友人から統一教会に伝道され、高校卒業後、教授教会の総務を担当。光云《クァンウン》大学理工学部で学びながら原理研究会に所属し、とりわけ南北統一のための活動に熱心であったという。

み旨に対して一直線

卒業後、彼女は韓国・世界日報社電算調査局に勤めるのだが、彼女の性格を端的に示す当時のエピソードを、夫の外舘さんは懐かしげに語った。

「彼女は頑張り屋さんでしたね。普通、五十部から百部の新聞を二時間前後で配達します。でもソウルの冬は寒さも厳しい。上司と交渉して、少し軽減してくれないかと頼む男性もいると聞きました。そんな中、彼女は『これは神様のみ旨（願い）ですから、三百六十部配達させてください』と自ら願い出たというのです」

一九八八年十月三十日、六五〇〇双日韓祝福を受けた時、二人は祝福について、英語や漢字を用い筆談しながら語り合ったという。

「（祝福を受けることで）神様の娘になりたいのです。文先生の娘になりたいのです」と話した姜さんは、彼に「祝福はあなたにとって、どういうものですか」と尋ねた。外舘さんは「永遠の関係です」と答えた。約婚中も、そして家庭を出発してからも、姜さんの行動は一直線であった。

「家庭を出発する前の約婚期間中、み言葉を熱心に学び、伝道に燃え、心と体の統一を目指して七日間断食を何度も行ったようです。そのため、生理も止まってしまったと聞いたことがあります」と外舘さん。彼女の人生に「手加減」や「妥協」という言葉はなかったのだろう。

こんなエピソードがある。大学卒業後、世界日報社に勤務しながら教会の青年寮で生活していたころ、彼女は英語の勉強をしていたが、寝なかったという。

寝なかった、というのは正確な表現ではない。友人は彼女がペンを持ったまま寝入っている姿を目撃している。「お布団に入って休んだら」と友達が話しても、従わない。一途と言えば一途、頑固と言えば頑固。

教会で全員が集まって祈祷会をする。終わると、ほとんどのメンバーは、くつろぐ。しかし彼女は、み言葉を訓読したりする。気持ちを弛《ゆる》ませない。そんな姿を同僚たちは何度も目撃している。

二人は、美男美女のカップル。外舘さんもまた教会では若者を束ねて、優れた伝道実績を出すエリートだった。かわいい娘三人に囲まれ、「幸せを絵に描いたような家庭」――。

三人の子供たちと

そんなふうに周囲の人々には映ったかもしれないが、家庭出発の時は大変だったようだ。

男性は家庭を持つことに、それほど葛藤《かっとう》を抱かない。いや、楽しみに待つというのが正直なところだろう。ところが女性は違う。特に国際結婚の場合、デリケートだ。彼女もまた日韓、韓日カップルの難しいようすを耳にして心配になり、彼に「お別れしましょう」と切り出したこともあったとか。

周囲は、彼女の苦悩の原因はすべて外舘さんの側にあるものと決めつけて、彼を責めた。離婚手続きをしようと、法務省に足を運んだことも。誤解を解くすべが分からず、ソウルで公衆電話を抱いて、外舘さんは男泣きに泣いたという。

すったもんだの末、ようやく家庭を出発できた二人だが、また事件が起きた。「彼女が僕を〝軟禁〟したのです」と外舘さんは、夫婦の秘密を語り出した。

それは、コミュニケーションがスムーズでなかったという要因もあったのだが、根本的には、メシヤ観、摂理観、信仰観などのギャップが原因と言える。

み旨（神様の願い）に対して純粋で、文師との間に厳密とも思えるまでの一体感を追求してきた姜さんにとっては、どう見ても、夫が、組織的、外的に行動しているように映ってしまったようだ。

「祝福を受けた私たちが『真《まこと》の家庭』、『理想相対』を築かずに、だれがつくるというのか」。

そのことのために、姜さんは一心不乱だったのである。

外舘さんは「六年五か月の家庭生活を通じて、彼女による重生（再び生み変えられる）を実感し、また情の味、愛の味わいというものを学びました。彼女は外的な評価に惑わされず、ただただ『心情』の一点を見つめ続けた人でした」と語る。

彼女は霊的感性が鋭かった。夫婦に一体感を感じた時は、夫に対して敬礼を捧げた。

普段の生活は質素で、平日は、大体ご飯にキムチと海苔。日曜日に客が来ると、食卓にはたくさんのごちそうが並び、お土産も出す心遣いをした。

一九九八年一月一日。家族は、地上で最後となる第三十一回「真の神の日」を迎えるのだが、家族五人は敬礼を捧げたのち、和動会を行っている。アリランの歌を歌い、三人の娘が踊った。珍しく姜さんが歌を披露した。その一曲が、韓国独立運動の闘士をたたえた「先駆者」という歌だった。

一松亭《イルソンヂョン》の青い松は
老いて老いていったとしても
一筋の海蘭江《ヘランガン》は千年越しても流れいく
過ぎし日に河岸を馬で駆けた先駆者
今はいずこに過ごし夢を深めているだろう

心が一つになった女性

この年の十二月十三日。二人は礼拝で、国際祝福を受けた女性たちは、自分の祖国、故郷で伝道活動を行うようにという天の願いを知った。

まだ幼い子供三人を抱えていたが、彼女はすぐさま出発の決意を固めた。十五日には飛行機のチケットを予約。十六日には夫の実家に子供を預けた。

金浦《キムポ》空港に着くや、彼女は北緯三八度線付近を流れる臨津江《イムヂンガン》で祈祷せねばという思いに従い、そこに向かった。翌日、ソウルの本部教会を訪問。ところが、天の願いに対する理解が違っていて、彼女は自分の任地を決めることができなかった。

十九日、いったん日本に帰国し、再び韓国に向かう準備をしていた矢先の二十五日夜、行楽地から戻る若者が運転する車にはねられて即死した。手にしていたバッグには、統一旗、み言葉集、伝道用パンフレット、パスポートなどが入っていた。

翌朝、知らせを聞いた大塚克己会長（当時）は「殉教である」と直感し、日本統一教会での昇華式を執り行うことを決断する。劉大行《ユデェヘン》・全国祝福家庭総連合総会長（当時）も、同じ思いを抱き、ウルグアイにおられる文師にご報告した。

文師は、その報告に心を痛められ、「実に残念だ。摂理の大事を行う時には、必ず祭物が必要だ。祭物として逝《い》ったのだ……」と話され、即座に彼女のために「心一女《シミルリョ》」と揮毫されたのであった。

その意味は「心が一つになった女性」すなわち、「ひとえにみ旨を慕い、文師ご夫妻を思い、文師のみ言葉を絶対視する、その心一つのみを持った女性」だ。

人格完成を目指し、偽りなき永遠の心情世界を求めた彼女の人生にふさわしい称号である。彼女の生涯については、夫の外舘さんの尽力で光言社から『統一への祈り』（日韓二か国語収録）が発行されている。

昇華後の妻からのメッセージとして外舘さんが紹介したことがある。神様の心情、霊界の実在、子女教育への要望、夫への激励とさまざまだが、おもしろいのは教会で証《あか》しをしたときのネクタイの色はもっと明るいほうがよかった、というこまやかなものもあることだ。「心の中心は、神様と文先生の血と汗と涙の心情を慰労してさしあげるという心で証しをしてください」という言葉を添えて――。

最愛の妻を霊界へ見送った外舘さんは、「妻が昇華したあとの人生というのは、み旨の道を献身的に歩み始めた時と同じような決意が、再度求められましたね。霊界で生きる妻と真の意味で、共に生きるということは、神様と共に生きることなくしてあり得ないのだと思います」とその胸中を吐露した。

人知れぬ苦労もある。だが、妻と初めて出会った日、「永遠の関係」を約束し、祝福を受けた外舘さん。霊界で歩む妻と協働して、み旨を歩む模範的「先駆者」となる覚悟も訓練も、すでにできている。

仰天献命

浦海孝臣

浦海孝臣（うらうみ たかおみ）

- 1941年　　　　神奈川県にて出生
- 1960年10月　　松本道子さんに伝道され入教
- 1967年12月５日　滝に打たれ心臓麻痺で昇天（享年26）
- 1967年12月　　文鮮明師が「仰天献命」と揮毫

二〇〇七年十二月五日、大分県竹田市久住町の赤川荘で浦海孝臣《うらうみたかおみ》さんと谷口文武《ふみたけ》さんを偲《しの》ぶ慰霊祭が、九州の責任者や地元の教会員を中心に執り行われた。

式では、大分の本山峰司《みねじ》さん（七七七双）が慰霊の辞を述べ、生前の二人を知る都敬志さんや齋藤俊樹さん（いずれも七七七双）が思い出を語った。昇華よりちょうど四十年目の慰霊祭である。日本統一教会史の中で最も長い歴史を持つ慰霊祭と言ってよいであろう。

若い教会員たちは、二人のことをほとんど知らない。それも無理からぬことだ。信仰の長い一八〇〇双でも、その名は知っていても、どのような先輩であったか、その人柄を知る人は多くないのだから――。

この浦海さんを、天がどれほど愛し、期待していたかを物語るエピソードを紹介しよう。

教会員であればだれもが、文師《ムン》が揮毫された「仰天献命」といううみ言葉を知っているだろうが、これは文師が、浦海さんの死去の知らせに触れて書かれたものである。そして久保木修己会長（当時）は、次のような弔辞を送っておられる。

「浦海孝臣君、この世の別れのつらい言葉を君に述べることになってしまった。（中略）思えば君は誠実な人だった。実に思いやりの深い人だった。私は君に最も期待していた。必ずや何事かを成し遂げてくれる人だと。五日の午後、電話で知らせを受けた時、私は一瞬、唖然《あぜん》として、そして次の瞬間、自分の両腕をもぎとられたように、がっくりとしてしまった。……」

久保木会長をして、「自分の両腕をもぎとられたよう」な悲しみを受けたと語らせた浦海さんとは、どのような人物であったのだろうか。

友人の就職先まで心配

浦海さんの信仰の子女であり、同級生であった青木通泰《みちやす》さんを神奈川県茅ヶ崎《ちがさき》市の自宅に訪ね話を聞いた。二人は神奈川県立川崎工業高校の機械科で三年間を共に過ごした仲だ。そのころの高校受験は今とは比べものにならないほど激しかった。

「県内で唯一の工業系の高校で、とても人気があり、確か競争率は九倍でした。中学の先生から『難しいので、他の私立を受けたほうがよい』と忠告を受けましたが、私は『落ちたら働きますので、受験させてください』と言って受験したら、これが受かったんですよ」

だが入学後、青木さんは授業についていくのが大変だった。進級試験も彼を悩ませた。

そんな時、彼を伴い、担任の教師を訪ねて再試験を頼んでくれたのが浦海さんだった。

青木さんは何とか高校を卒業するが、就職試験に四社挑戦し、いずれも不採用。そのとき、川崎に進出したばかりの日本ゼオンという企業を見つけだし、「まだ地元では知名度が低いから受けたらよい」とアドバイスしたのも浦海さんだった。青木さんは浦海さんの助言を聞き入れ、試験を受けたところ、見事に採用されたのであった。

青木さんが当時を振り返って語る。

「落ちこぼれの私の手を引っ張り、卒業までこぎつけさせてくれ、就職先まで心配してくれる。彼は頭が切れるし、人情味あふれる友でした」

高校卒業から四年後、一通の葉書が縁で、二人は再び出会う。浦海さんは旭化成に入社するが、向学心を抑えることができず、退社。明治大学に進む。やがて立正佼成会に入教。そのころ、佼成会の青年部は前途ある若い会員を統一教会の修練会に参加させていた。

浦海さんも「統一原理」を学び、統一教会で献身的に歩むようになった。日本国内にまだ教えが広まっていない時代、先駆けてみ言葉を聞いた者から、開拓伝道に出たのであった。

　彼は福岡県の小倉に向かった。そこから、高校時代のクラスメートに葉書を送った。青木さんも、その葉書を受け取った一人で、その文面を今でも覚えている。

「私は小倉の駅前のベンチで寝泊まりし、廃品回収をしながら、統一教会の布教活動を行っています。伝道のために使いますので、少しでいいから、郵便局止めでお金を送ってくれませんか」

　青木さんは、給与のほとんどを貯金していた。親身になって助けてくれた親友の頼みに、青木さんはためらうことなく、全額を下ろして送金した。浦海さんは、それを手にしたとき、友の友情にどれほど感動しただろうか。

　浦海さんから声を掛けられ、青木さんが教会の特別修練会に参加したのは一九六三年のことだ。み言葉に触れて感銘した青木さんは翌年正月、献身的に歩むことを決意して下北沢の教会に入教。弟の祐之助さん（当時、高校生）も兄の勧めで修練会に参加、高校を卒業すると、同様に歩むようになった。

　青木通泰さんは東京にいて、文師ご夫妻が来日された時など、何度か車の運転手を任され、浦海さんは九州の地区長や学生部の責任者などを歴任し、周囲から注目される存在となっていく。

兄弟姉妹の心を育てる

そのころの浦海さんのようすを、井上恭子《きょうこ》さん（四三双）が語る。

「四十日間開拓伝道で、皆が全国に出発したあと、私と彼の二人で特別修練会を担当したことがありました。本部といっても下北沢の平屋の民家で、十人ぐらいの修練生が集まりました。私が進行役で、彼が一人で講義をしました。ほかに教会には崔奉春《チェボンチュン》（日本名、西川勝《まさる》）先生夫妻と二、三人のスタッフがいましたが、とても家庭的な雰囲気の修練会でした。彼は明治大学では特待生でしたし、また佼成会で人間的に大きな影響を受けたのでしょうが、頭脳明晰《めいせき》で品行方正。夏でもクーラーのない中、背広にネクタイ姿が印象に残っています。一緒に仕事をして、私より年下でしたけれど、兄のような感じでした」

井上さんが北九州市の教会長の時、浦海さんは九州の地区長だった。早朝、皆が聖地まで歩いていき、五時から各々祈祷を始める。井上さんたちが聖地に向かって歩いていると、すでに祈り終えて戻る浦海さんと出会うのが常だった。

まだ暗い道で教会員の姿を見ると、ランニングしながら明るく「おはよう」と声を掛ける浦海さん。彼は会議のときも、一方的に話すということはしなかった。

「何かを決めるとき、会議の中心にいて自分が話すというよりは、最初のある時間を別の中心者を立てて、意見が出し尽くされるまでとことん話し合わせる。そして、全員の意見が出尽くした時点で、浦海さんが論点を整理し、結論を導くという手法でした。地区の責任者も学生も活動メンバーも、ほぼ全員が二十代という若い教会で、しかも優秀な学生も多かったのですが、皆が納得して活動できたように思いますし、彼はだれからも尊敬され慕われた模範的な、まさに成約聖徒[※1]でした」と井上さんは言う。

小室宏之さん（七七七双）は、最も身近に浦海さんに侍《はべ》り、彼から多くを学んだ教会員である。小室さんは、教会員から「松本ママ」と慕われた松本道子さんに伝道され一九六〇年十月に入教、文師から「日本の根っこだね」と言われた大先輩である。

浦海さんが学生部の責任者だった当時、小室さんは伝道部長として浦海さんを支えた。

「浦海さんは本当に素晴らしい責任者でした。若い教会員を部下のように扱うのではなく、彼の教会員に侍る姿は素晴らしいものでした。聖書に、カイン（兄）がアベル（弟）を殺す場面があります。でも、浦海さんのようなアベルであれば、カインも殺さなかったでしょ

昇華 40 周年追悼慰霊祭（2007 年 12 月 5 日、大分県で）

う。そう思わせるほどの人格者でした。

浦海さんは夜遅くまで、教会員が喜んで神のみ旨（願い）を歩めるようにと、そのための蕩減《とうげん》条件（神様の願われた本来の位置と状態に帰るための条件）を立てさせてくださいと祈っていました。その祈りは神様に聞き入れられたと思います。なぜなら、渋谷の南平台にいた兄弟の多くが今も元気で活躍しているからです。兄弟の心霊を保つための霊的基盤を築いたのは浦海さんです」

忙しくても若い教会員の話に耳を傾け、率先して廃品回収に出掛けた。教会員の心情に近づこうと寝食を共にした。中心者である久保木会長への報告も、人と違った。

「まず、悪い報告をするのです。すると会長は渋い表情になります。でもあとから良い報告をする。すると会長がにこにこ顔になります。久保木会長は浦海さんを、将来、できれば国会議員にしたいと考えておられたように思いました」と小室さん。

文師が来日された一九六五年、浦海さんは「日本の教会員は、本当に心から文鮮明先生ご夫妻に侍り、生涯、天宙[※2]復帰に邁進《まいしん》します」と歓迎の辞を述べた。それをうれしそうに聞いておられた文師のようすを、小室さんは印象深く覚えているという。

滝に打たれて

容姿端麗で、スケールの大きな説教で聞く者をリードし、きめこまやかな指導で教会員に侍り、教会員の心を育てた浦海さん。その浦海さんは、霊能者から「滝に打たれて真剣に祈ると、神様もその祈りを聞いてくださる」と言われて、六七年十二月五日、小雪の舞う中、九大生の谷口文武さんと一緒に断食し、大分県久住山の麓《ふもと》にある雄飛の滝に打たれながら祈祷した。

そして十二時三十分、二人は共に同時刻に心臓麻痺《まひ》で倒れ、同行者に発見された。折り重なった二人の体は十字となっていた。偶然とは思えぬ出来事だった——。こうして浦海孝臣さん、谷口文武さんは統一教会の初めての殉教者となったのである。

井上さんは生前、浦海さんが「僕は三人のアダムが立ったから、祝福を受けられる資格ができた」とうれしそうに語ったのを覚えている。当時は、だれもが個性完成せずして祝福は受けられないと思っていた。浦海さんは他の人よりも深く「原理」を理解していた、と言えるだろう。

二十六歳の若さで天に召された浦海さんを偲《しの》んで文師が書かれた「仰天献命」の慰霊碑は、滝のそばに建立されている。

※1、成約
　旧約時代、新約時代に続く、神が人間に与えられた契約が再臨主を中心として成される時代。

※2、天宙復帰

地上界と霊界を合わせて天宙という。地上界の人々だけでなく霊界の人々をも救うことを「天宙復帰」という。

常に他のために生きた「聖人」

吉田修平

吉田修平（よしだ しゅうへい）

・1961年10月22日　東京にて出生
・1977年12月　兄から伝道され入教
・1984年４月　ドイツで活動
・1989年１月12日　国際祝福1275双を受ける
・1992年10月10日　ハンガリーからドイツに向かう途中、交通事故で昇華（享年30）

一九九二年十月十日、吉田修平さんは、ハンガリーからドイツに向かう途中、交通事故に遭い、運び込まれた病院で亡くなった。三十歳の若さだった。

彼の昇華式が営まれるまでに、彼の証《あか》し集が編まれた。わずか二、三日でそのような追慕集が編纂《へんさん》されたということは極めて異例だが、このエピソードこそ、彼の人徳を雄弁に物語っている。証し集は、ヨーロッパの兄弟から「聖人」と呼ばれ、尊敬と信頼を寄せられた彼にふさわしい、兄弟からの贈り物と言えよう。

それは吉田さんが、いかに献身的に神のみ旨（願い）を愛し、熱心であったかをつづった証しで埋め尽くされている。

その中の一人、クルツ・ベンツェルさん（フランクフルト）の手記の一部を紹介しよう。

「私のチームの一人の姉妹が数日間、修平と共に一生懸命に働いて生活したあと、こう言った。『修平は聖人だ』。彼女は、修平の性格と日々の生活にとても感動していた。

私は、修平に対して、このような感情を持つことは当然だと思う。修平は、決して自分自身のためだけに生きることはなかった。常に他人のために生きていた。修平は日本から来たのだが、多くの国々と、出会った数えきれない人々を、心から愛した」

愛で周囲を感化

修平さんは、一九六一年十月二十二日、東京で生まれた。中学までは野球を熱心にしていたが、國學院高校に進み、サッカーに熱中した。「将来はサッカー選手になりたい」という夢も抱いていたようだ。

十六歳の時、兄の俊宏《としひろ》さんから「統一原理」を伝えられた。ドイツの教会には吉田さんの肖像がレリーフとして残っているが、それには『原理講論』とサッカーボールも刻まれている。

み言葉を聞いた修平さんは、兄に「サッカーをやめる。文鮮明《ムンソンミョン》師ご夫妻のために頑張る」と誓った。早稲田大学で西洋文学を専攻した。高校、大学時代の修平さんを知る渡辺茂さんは、こう振り返る。

「彼と一緒の班で過ごした大学一、二年のころは、本当に楽しかった。真冬に徹夜祈祷のために三浦半島の先端まで車で出掛け、明け方、相模湾に浮かぶ富士山を背に、皆で写真を撮ったことが忘れられません。青春を捧げて悔いなしという充実感、神様のために生きるという使命感がありました。希望と夢があり、人を愛そうという前向きな気持ちにあふれていました。

現実は厳しく、悩むこと、苦しむことのほうが多かったように思いますが、そんなとき、早稲田の学生には、『そこにある角の道、そこにある電信柱、そういう君たちの記憶になれている所には先生の涙がある。だから、日本を早稲田から救おうか』という、文先生のみ言葉を噛《か》みしめる特権が与えられていました。修平君は、おそらく同期の学生たちの中で、だれよりも多く、だれよりも深く、文先生の心情の世界に浸ることのできた人です」

「愛の溶鉱炉となれ」(『御旨の道』—信仰について)というみ言葉が大好きだった彼は、実践を通じて、周囲の人々を感化した。

彼の行動を通じて、兄弟は「心の清い人たちは、さいわいである。彼らは神を見るであろう」(マタイ五・8)の聖句を実感した。彼の行動は、神様の教えを伝えるため、人がどれほど熱心になれるか、また一途になれるかということを端的に語っていた。

一九八四年、大学卒業と同時にドイツに渡り、教会活動に専念し、後輩の指導育成の中心的役割を担った。八九年には、待望の国際祝福（一二七五双）を受けた。

「中にいるほうがいいよ」

事故は、家庭出発の直前に起きた。三週間前に韓国での活動を終えて帰ってきた婚約者を、ドイツのレーゲルスミューレ修練所に待たせていた。当時、ハンガリーで活動していた修平さんはハンガリーの四人のメンバーを同修練所に連れていき、婚約者との対面を果たすところだったのだ。

関係者の話をまとめると、ハンガリーからオーストリアの国境までは、修平さんが運転していた。その後、修平さんは他のメンバーに運転を替わり、後部座席のザボラ・アッティラさんの座っていた場所に移り、そのアッティラさんは助手席に移った。

ヨーロッパでは、時速百五十キロから二百キロの速度で飛ばす。ところが途中、高速道路の車線が急に一本減る場所があり、そこで事故が発生した。後部座席に座っていた三人が、車の外に放り出されたのだった。

吉田さんと席を交替したアッティラさんは、追悼集で次のようにつづった。

「これ（席の交替）が私の命を救ったのです。修平さんは私の身代わりに亡くなったように思える。この事故により、私は修平さんと、以前よりも一層つながっているような気持ちになった。修平さんの純粋で犠牲的な生き方に従っていかなければならないと思っている」

修平さんの父、義一《ぎいち》氏は、息子の訃報《ふほう》を聞いて現地に向かった。そのとき、義一氏は不思議な体験をした。昇華式で、そのことを義一氏が披露した。

「一昨日、事故現場に行き、修平の遺体とも面会しました。事故現場の土手の雑草の中に一輪の花が咲いていました。それを記憶して、その夜、床に就きました。夢の中で、修平が私に向かい、にここと笑って話し掛けてくるようでした。その足下に、一輪の花が咲いていました。夢の中で、その一輪の花が黄色くなったり赤くなったり、大きくなったり小さくなったりしていました。修平は私に悲しみを与えないように、私を楽にしてくれました。『一輪の花よ、修平よ。永遠に輝け！』という気持ちになりました」

黄色くなったり赤くなったり、大きくなったり小さくなったりする花など、地上に存在しない。だが、そのような花は、霊界の天国や楽園には存在するのであろう。そんな美しい花を見せて、父の心を慰めたのは、神の愛であり、修平さんの真心にほかならない。

不思議な夢は、父だけにとどまっていない。オランダのアンドレア・ウィルジョレドジョさんが、追慕十二周年に寄せた証しは、強烈だ。

「修平さんが霊界へ行かれて少したったころ、修平さんの夢を見ました。私は当時、東ドイツのライプチッヒの教会で生活していましたが、とても信仰的に難しい時期を迎えていました。私は教会を離れ、家に帰ろうと考えていました。

夢の中で、私は自分の荷物をまとめ、教会のドアから出ていこうとしていました。すると、驚いたことに、ドアの外には修平さんが立っていたのです。私を見つめて言いました。『中にいるほうがいいよ』。修平さんはたくさんの愛情と温かさを込めて、そう言いました……。それで私は向きを変えて、私の部屋に戻りました。その時の夢で感じた温かい感情

ヨーロッパで活動中の吉田修平さん（右端）

と愛情は、目が覚めてからも残り、私は教会にとどまることを決心しました。これがとても短い夢であることは分かっています。でも、この時の出来事は、私には多くの意味を持っています。愛情と他人への思いやりに満ちあふれた修平さんの性格を教えてくれました。修平さんは、とても素晴らしい人間です」

修平さんは、生前だけでなく、霊界にあっても、愛する兄弟姉妹の永遠の命に関心を持つからこそ、夢を通じてまでも、協助できたのであろう。

昇華十二周年追慕礼拝では、藤井

美雄《みちお》先生（元・日本統一教会会長）が主礼を務め、修平さんが兄妹と一緒に分け隔てなく生活し、純粋で熱心に神のみ旨（願い）を愛した姿勢を証ししながら、「吉田修平兄は、ドイツにおいても模範的な成約聖徒であった」と語り、その精神を相続していこうと語り掛けた。

その場には百人以上の教会員が集ったが、九五パーセントの出席者は、修平さんと面識のないメンバーだった。

二〇〇七年十月二十一日、都内で行われた昇華十五周年追慕礼拝では、岡村信男総務局長（当時）が主礼に立ち、吉田さんの足跡と精神を学び、相続していくことに、追慕礼拝の意義があると語った。

愛の溶鉱炉となれ

学生時代の信仰の姉、小島すず子さんは、「吉田君は、ノア爺《じい》さんのような信仰の持ち主。神様の願いを一度聞いただけで全うしたノアのごとく、困難を乗り越えてやり通した人だった」と振り返った。

兄の俊宏さんは万感の思いを込めて、こう語る。

「吉田修平のように、天のため、文先生ご夫妻のため、（信仰の）兄弟姉妹のために尽くした兄弟（教会員）を、私は知らない。彼は、彼の好きだったみ言葉『愛の溶鉱炉となれ』のとおりに生涯を貫きました。

私も長年、西洋社会で宣教活動をしていたが、キリスト教の根付いた西洋社会で食口《シック》（教会員）を形容する際に、『信仰者』という言葉を使うことはしばしば聞きましたが、『聖人のようだ』という言葉は、ほとんど聞いたことがありませんでした。何人かの西洋の教会員が、修平に対して『聖人のようだ』という言葉を使ってくれていることは、最高の敬意を示してくれたということなのかもしれない。今後も、吉田修平の信仰の人生が、ヨーロッパのリーダーたちに、日本の二世（教会員の子供）や大学生のメンバーに記憶され受け継がれていくことを切望しています。そして、吉田修平という存在が、神様と文先生ご夫妻を愛し、み旨に精誠を尽くして歩まれる兄弟姉妹の心の中で、永遠に生き続けることを心から祈るものです」

俊宏さんは、小島さんや修平さんから導かれた伊井清さんらと、ノアのような強い信仰を持った修平さんの足跡を文集にしてまとめて残したいと言っている。

愛され、誇りとされた牧会者

管野一郎

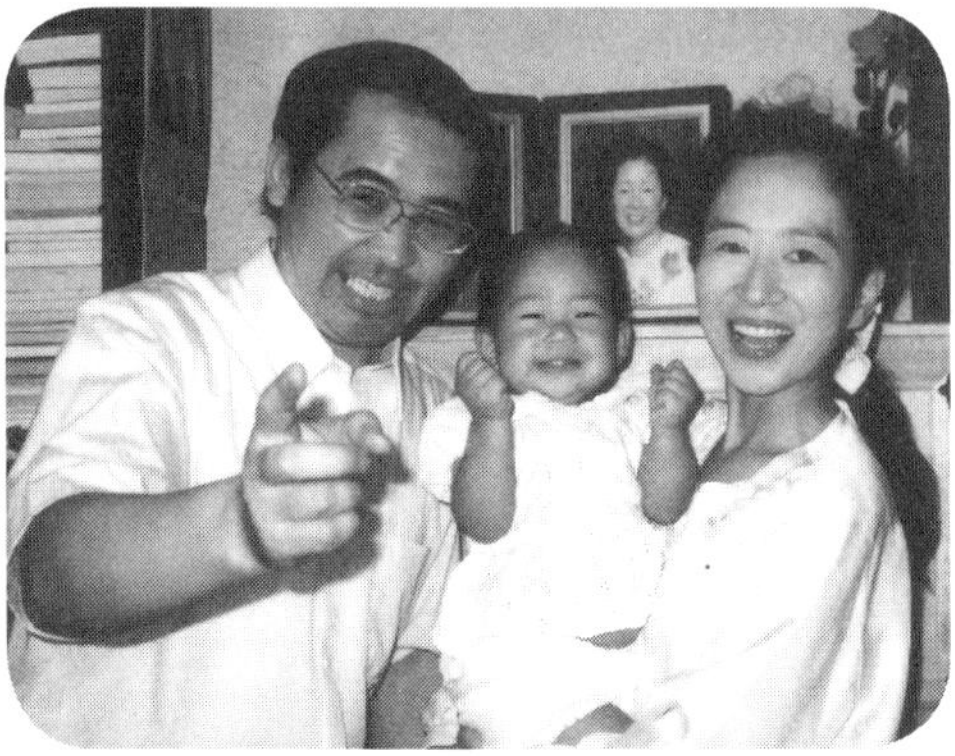

管野一郎（かんの いちろう）

・1953年３月７日　岩手県にて出生

・1974年５月　大阪外語大学在学中に世界基督教統一神霊協会に入教

・1982年10月14日　6000双祝福を受ける

・1999年３月～　鮮文大学校神学大学院で学ぶ

・2004年２月　長崎教会の教域長に就任

・2007年10月14日　大動脈解離で昇華（享年54）

一九八二年十月十四日に韓国で六〇〇〇双国際合同結婚式が挙行されてから、今年（二〇〇九年）で二十七年の歳月が流れた。その参加者の多くは、今では五十歳代となり、統一教会で中心的立場に立って歩むメンバーも多い。

その中の一人、長崎教域長の管野一郎さんは、模範的な祝福家庭として、神のみ旨（願い）の最前線で闘い、志半ばで昇華した。くしくもその日が祝福記念日の二〇〇七年十月十四日。五十四歳だった。

管野さんは一九五三年、岩手県に生まれる。大阪外国語大学在学中にみ言葉に触れ、同七四年に入教。一九九九年から、韓国の鮮文《ソンムン》大学校神学大学院で学んだ。

当時のようすを知る教会員は、次のように語る。

「週末ともなれば買い物や観光に出掛けていく者も多いのですが、管野さんはひたすら勉強していました。またハングルで日記を毎日書いて、それを韓国語の先生に添削してもらうことを喜びとし、楽しみにしていました。生活費など大変だったでしょうが、決して不満を口にしたりせず、困難にぶつかっても必ず道を切り開こうとされていました」

「今度頑張ったらいいね」

二〇〇三年から長崎に赴任し、翌年二月から教域長に就任した。彼のもとで歩んだ教会員たちはみな、「菅野さんは牧会者の鑑《かがみ》だった」と称賛を惜しまない。

「私たちの全部を受け止めてくださり、たとえ失敗しても『何でそんなことをした』と叱《しっ》責《せき》されることはありませんでした。それより、『今度、頑張ったらいいね』と励ましの言葉を頂き、その言葉で深く悔い改めさせられた思い出があります」

「初めて『原理』を聞いたときの感動をそのまま失うことなく、中心者には従順で、後輩には優しい。非の打ちどころのない方でした。献金を持ってきた教会員に対して、教域長は自室に招いて祝祷されるなど、真心を尽くされました」

ある教会員は、「一度も菅野教域長と闘ったり反発したりしたことがない。共に神のみ旨を歩むことが楽しかったですね」と振り返る。

菅野さんは、午前五時からの訓読会を生命視した。前日、どんなに遅く就寝しても、五時の訓読会を欠席しなかった。自分には厳しかったが、その一方で、「他の人が訓読会に参加しなかったといって、責めたり裁いたりする責任者ではありませんでした。ご本人はさまざまな分野で勝利しても誇らず、まさに管野さん夫妻は僕《しもべ》の僕の歩みをされた方でした」という。

このような管野さんの信仰姿勢が多くの教会員を感動させ、礼拝参加者の数も増えていった。教会に通わずに悶々《もんもん》としていた人や、教会から遠ざかっていた教会員たちが、再び教会を訪ねるようになったのである。

管野さんは、自分を誇ることはしなかったが、彼のもとにいる教会員は、彼を誇りとした。最も麗しい兄弟姉妹の関係が、そこに存在したのである。

さて、妻の加津子《かづこ》さんの目に、夫の一郎さんはどのように映っていたのだろうか。

「スポーツ番組がとても好きでしたが、いちばん見たい番組を見ませんでしたね。自分のしたいことを捧げることを通じて、彼は精誠を尽くしていたのです。二〇〇七年に入って、私が驚くほど彼は真剣に私の話を聞いてくれるようになりました。まるでこれが最後かと思うほどでした。それまで、それぞれが別の神のみ旨を歩み、住まいも別々な期間がありました。ですので、長崎で初めて一緒に同じみ旨に責任を持ち、お互いに『あれもしたい、これもしたい』と、とても燃えていました」

長崎は、キリスト教が日本で最初に伝えられた地である。長崎の原爆が投下される前日、長崎の浦上天主堂に集まったクリスチャンは、「自分たちが犠牲になるので、戦争を終わらせてください」と祈ったという。

終戦を迎えるために、クリスチャンたちの祈りと尊い犠牲のあった長崎で、管野さん夫妻は神の国の建設に携われることを心から感謝し、そのために、持てるもののすべてを投入したのだった。

教会員の夢に現れて

二〇〇七年五月十三日。管野さんが突然の大動脈解離で倒れ、運び込まれた病院で、すぐに手術が行われた。十時間に及ぶ手術であった。

その間、長崎教会の教会員たちが徹夜で祈祷、訓読などの精誠条件を立てた。幸い一命を取り留めることができた。教会員たちの徹夜リレー訓読は、その後も一週間続いた。

管野さんが病院に運ばれたとき、医師は管野さんの足に血が流れていないのに気づき、

教会員と共に過ごす管野一郎教域長

これでは治っても後遺症が残ると判断した。ところが手術を始めた途端、足に血が流れ出した。「本人の、生きようという意思の表れでしょう」と、担当医は加津子さんに話している。

　四日後の五月十七日に出血が止まる。さらに一か月後、それまで続いていた高熱が下がり、容態が安定に向かう。八月中旬、病院を移り、療養生活が始まった。しかし、意識は戻らないままだった。

「それでも教会員がお見舞いに訪れ、語り掛けると、口元に笑みを浮かべることもありました」と加津子さんは当時のようすを話した。

不思議なことに、管野さんが倒れたあと、多くの人の夢に彼が現れている。

倒れた日、加津子さんが管野さんの実家に電話を入れたところ、母親は「息子の夢を見たよ。馬に乗って家に帰ってきたのに、『忙しいので、帰るよ』という夢だった」と言う。管野さんを心から慕っていたある教会員は、ほぼ毎日、病院を訪ねて管野さんの快復を願い、彼の足裏のツボを押した。長いときは三時間も休まず、マッサージをしたという。その彼の夢に管野さんが現れて、「ちょっと血管が切れただけだから大丈夫だよ」と励ました。

八十五歳の婦人は、管野さんが教会で「こんにちは」と肩をポンとたたきながら自分の名を呼び掛ける夢を見た。「その手の感触が今も忘れられません」と言う。

二十二歳の女性が見た夢は、御輿《みこし》の上に管野教域長を乗せて、「わっしょい、わっしょい」と喜んで担いでいるものだった。持病を持つ彼女は、自分のことばかり気にしていたのだが、管野さんのために祈願書を書いた直後に、その夢を見たのである。その夢を通じて、彼女は「ために生きることが、こんなに幸せなことかと実感できました」と話した。

教会で訓読のとき、み言葉を読んだ大半の教会員が「後ろにだれかがいる気配がする」と振り返った体験をしている。ある婦人は、ピンクのシャツを着ている管野さんの幻を見ている。

昇華式当日、ある女性は、夢の中で管野さんが「霊界に行ったら、あなたの過去のすべてが分かったよ。生きている間に分かってあげられなくてごめんね」と語ったと言う。昇華後も別の教会員は、にこにこと満面の笑みを浮かべた管野さんからみ言葉集を受け取り、感激で泣く夢を見た。目覚めると、彼女は本当に涙を流していたという。いずれも、霊界の実在を鮮烈に印象づける出来事だったと言えよう。

ほかにも、たくさんの兄弟姉妹たちが夢を見たり、声を聞いたりしている。管野さんは、生死の闘いの中でも、また昇華式後も、長崎教域の教会員を心に掛け、その成長を霊的に導いたのであった。

「父は私の誇り」

十月三日、意識の回復しない管野教域長の後任が正式に決まり、七日に就任式が行われた。そのことを加津子さんが病室で報告すると、夫は心から安心している表情だったという。就任式から一週間後の十月十四日、管野さんは昇華した。

加津子さんは闘病生活を続ける夫の側で、苦しみを甘受するとはいかなることかと天に尋ねたが、「苦しみを受けることで蕩減《とうげん》条件（神様の願われた本来の位置と状態に帰るための条件）となり、少しでも文先生ご夫妻のご苦労の代わりになるのであれば、これ以上の幸いはない」と思えるようになったという。

この間、一人娘で高校生の古希誉《こきよ》さんも、生死の闘いをしている父の手を取って、次のような祈祷を捧げたのである。

「神様、私にこのような試練は大きすぎます。乗り越えられるでしょうか？　でも、こうして今、神様がこの場を与えたということは、できるということなのですよね？　私、頑張ってみます」

娘もまた自分の限界に挑戦し、乗り越えていったのである。彼女は中和文化祭九州大会の弁論の部で、「私は神様の娘、お父さん、お母さんの娘として生まれてきたこと、管野古希誉として、今、存在していることを一生誇りに思います」と発表、弁論部門で見事優勝した。管野さんは己の犠牲を通して、教会員だけでなく、家族の成長をももたらしたのである。

文師は韓国で管野一郎さん昇華の報告を受けると、「私が覚えているので、霊界に行けば、幸せな者となる」と語られた。

昇華式は十月十七日に行われた。ある教会員は昇華式の場で、式に参加する教会員の一人ひとりを前に、管野さんが頭を下げてお礼を述べている場面を霊的に見た。また、参加できなかった壮年の男性は、管野さんが「長崎の皆さん、ありがとうございました」と告げる場面を霊的に見ている。

いつも一緒の主人

娘の古希誉さんは、父の昇華後、「お父さん、ありがとう。神様、ありがとう」と語った。その娘に父は、二〇〇九年二月一日、霊的に敏感な教会員を通じて、次のように語り掛けたという。

「二月一日は、十九歳の誕生日だね。よくここまで立派に育ってくれて、お父さんは古希誉のことをとても誇りに思います。これからも生涯、真《まこと》の道を貫くために、ために生きてください。いつも笑顔を絶やさないでね」

一郎さんが昇華して間もない時期に筆者は、加津子さんにインタビューをしたが、「私も娘も今、天国にいます。だって、ために生きてありがとう、うれしいという喜びに包まれているのですから」と話してくれたが、その後の彼女にも不思議な出来事が起きている。それは、加津子さんが他の人と真剣に話している時の表情や話し方、目の動かし方が「一郎さんと全く同じだ」とよく言われるというのだ。

彼女は現在、生まれ故郷の浜松に住んでいる。教会のスタッフとして、しばしば講演や講義をするのだが、その姿が自分ではなく主人の姿だという。

「私は以前は、ホワイトボードにマーカーで板書することができませんでしたが、とても分かりやすい字でバランス良く板書されています。話し方は、かつては早口のほうでしたが、ゆっくりと丁寧な口調で穏やかに落ち着いています。話している時の目の表情も主人と同じです。私自身、ビデオを見て驚いています。話す内容もぐっと深くなることもあり、その内容に自分自身驚き、主人を感じることがあります。主人が私の体を使って、神様の愛と心情と霊界を伝えたいのだと思いました。今、私は自分の人生を生きているというより、主人の人生を私の体を使って生きているのだと思っています」

生涯を天と教会員のために

平井隆

平井 隆（ひらい たかし）

・1955年６月30日　石川県鶴来町にて出生

・1975年12月　世界基督教統一神霊協会に入教

・1982年10月14日　6000双祝福を受ける

・2007年３月11日　南千葉教区長に就任

・2007年10月16日　脳内出血で倒れ、昇華

（享年52）

管野一郎・長崎教域長（六〇〇〇双）の昇華からわずか二日後、二〇〇七年十月十六日に昇華した牧会者がいた。南千葉教区長の平井隆さん（六〇〇〇双）である。管野さんは大動脈解離で倒れて五か月後の昇華であったが、平井教区長の場合、教会員と電話で話している最中に脳内出血で倒れ、ほぼ即死だったという。

韓国の清平《チョンピョン》に滞在されていた任導淳《イムドスン》・全国祝福家庭総連合会総会長（当時）が、二人の昇華を文鮮明《ムンソンミョン》師に報告されると、文師は「今の時がそのような時なんだよ。先生の記憶がある時に行くので、霊界に行ったら良いことがある。霊界で頑張るように」と、み言葉を下さった。

帰歓式は二〇〇七年十月十八日、千葉教会で執り行われ、教会関係者二百三十人が参列したが、式に先立ち、会場に入りきれない地元教会の教会員たち、約三百人が献花した。証《あか》しに立ったのは、徳野英治・アフリカ大陸会長（当時、現・統一教会会長）である。韓国にいた徳野会長は、千葉教会の教会員からの電話で、平井さんの危篤、そして昇華の知らせを聞いた。その教会員は、平井さんが説教などで、よく徳野会長との思い出などを語っていたので、「何としても徳野会長に知らせたい」と捜したという。

その徳野会長は帰歓式で、しばしば感極まって涙を浮かべながら語った。

「一九七五年、あらゆる情報を集めた上で、平井さんは富山大学の学生を中心とした富山教会の学生部に乗り込んできた。『自分の目で確かめる。良ければ入会するが、悪ければぶっつぶす』という彼は、講義する私が困るくらい質問攻めにした。物理を専攻していたので、『アインシュタインの相対性理論から見て、原理はどうなんですか？』などと質問した姿が忘れられない。もし、み言葉を受け入れるなら、素晴らしい講師になると思った」

学生部長だった徳野氏が東京に異動になると、平井さんが後任の部長となった。徳野氏が杉並教会長から異動すると、後任に平井さんが就任する。二人を知る教会員は、「み旨（神の願い）の道を歩む中で、試練の時期さえも二人は同じでした。運命的な結び付きがあったように思います」と振り返る。

平井さんは一九五五年六月三十日、石川県鶴来《つるぎ》町（現、白山市）に生まれ、富山で育つ。世界救世教の信仰を持っていた両親は、結婚八年目にして授かった一人息子を心から大切に育てた。両親の影響もあってか、平井さんは高校生のころから、宗教、超能力、霊界に関する本を読みあさり、人生の問題に強い関心を抱き、悩んでもきたという。

彼は、友人たちにこんな質問をしている。

「人類が生きるために自分が犠牲にならなければならない立場に立ったとき、果たして君は死ねるか」

すると友人はみな、「自分が生き延びることを考える」と答えた。その言葉に平井さんは愕然《がくぜん》としたという。

統一原理との感動的な出会い

京都大学理学部物理学科の受験に二度失敗した平井さんは、富山大学理学部物理学科に入学。掲示板をのぞいていた平井さんに「原理研究会の者ですが」と声を掛けたのが毛利昇さんだった。すでに原理研究会の噂《うわさ》を耳にしていた平井さんだが、直接、徳野氏から原理を学ぶ中で、彼は一つの確信に至るのである。

そのときの喜びを平井さんは、こう語った。

「ついに真理を見つけたという思いが胸にあふれて、うれしくてうれしくて仕方がないのです。教会の人の顔や周りがすべて輝いて見えるのです。その日はとうとう朝まで眠ることができないほど、喜びに心が躍っていました」

人生の意味について、人一倍悩み苦しんだ。それゆえ、真理に出会った感動も、また人一倍、鮮烈だったのである。

野宿で始まった夏季四十日開拓伝道に勝利し、さらに両親にみ言葉を伝えようと全力投入した。

すると不思議なことが起きた。み言葉を聞き始めた母、早苗さんが、「十数年歩んできた救世教の信仰を貫くべきか、原理の道を行くべきか、神様、夢を通じて私に教えてください」と談判祈祷した。

その夜、父が夢を見た。朝起きてきた父が興奮して話しだした。

「すごい夢を見た。神様の夢を見た。どうも、文先生には神様がついているようだ」

母は、夫のこの言葉に決意を固めた。父もまた真剣に学ぶようになり、やがて息子の隆さんに告げた。「全面的に協力するから、しっかりとみ旨に励んで頑張れ」と――。

一九七八年二月十七日から四月十二日までの七十日伝道路程の個人部門で全国八位、また十月下旬に初めて開かれた「全国学生会第一回原理試験」で堂々の四位という好成績を修めた。上位二十一人中、実に五人を富山大学の学生が占めた。富山教会に所属する学生たちの黄金時代だったと言っても過言ではない。

富大同期生で、原理試験で八位の沼田張良さんは平井さんの親友だ。

「人懐っこく、常に話題の中心にいる人。博学だった。湯川秀樹博士のような物理学者を目指したいと語ってもいたけれど、彼は物理学者の夢を捨てて、み旨の道を邁進《まいしん》していった。彼の行動の基準は、育ての親である徳野会長でした。困ったら常に、『徳野さんならどうするか』と考えて行動していました」

平井さんの後任として学生部長となった永井敦子さんもまた、「平井さんは明るくおしゃべりで、記憶力抜群の人。私の信仰の友であり、ライバルだった」と当時を語った。

交通事故で大手術

実績を出し、教会のリーダーとして歩み、一九九〇年には家庭を出発。九三年五月、長女の誉子《よしこ》ちゃんを授かる。

順風満帆と思われた平井さんに、大きな転機が訪れたのが一九九四年八月に起きた交通事故である。運転をしていた教会員は死亡、後部座席にいた平井さんも股関節、大腿部骨折などの重傷を負い、ボルトを骨に埋め込む手術をし、約一年ほど療養生活を送る。

妻の一枝さんは、「本人は『あの事故で自分は一度死んだ立場だ』と、とらえたようです」と話す。教会の公職を続けるべきかどうか悩み抜いた末、彼はその後の生涯を、文師ご夫妻のため、教会員のために捧げ切ると改めて心の底から決意するのである。

平井さんが療養していたときの驚くべきエピソードを南千葉教区のスタッフである安藤作世子《さよこ》さんが披露してくれた。

「ひどい複雑骨折でしたので、リハビリしても順調ではなかったようです。そのとき、平井さんは『現代医学で治せなければ、愛でこの足を治す』と医師に宣言し、夫婦生活に励んだと言われました。その結果、骨折したところは医師が驚くほど良くなったのです。ですから、平井さんは『妻のおかげだよ』と奥様に感謝しておられました」

安藤さんは平井教区長の講義が忘れられないと言う。

「ノアは神様の啓示を受けて箱舟を造ろうしたが、一人ではつまらない。路傍伝道して『一緒に造ろうよ』と呼び掛けたが、だれも応じてくれなかったんだよ……と、講談風に語ってくださるものですから、聖書の世界を、だれもが身近に感じることができました。もう一度、平井さんの講義が聴きたいですね」

南千葉教区の曽我辺《そがべ》信也さんは、韓国留学時代に半年間、平井さんと共に過ごしたのだが、「韓国語よりも、韓国の歴史を熱心に研究し、勉強されている姿が印象的だった」と振り返る。

徳野英治会長と共にケーキカットする平井隆さん

寂しがり屋でありながら、時に周囲が辟易《へきえき》するほどの話し好き。食欲が旺盛で甘い物に目がなかった。

倒れる一週間前から、時々、平井さんの記憶が飛んでしまうのを周囲の人は目撃している。脳内の細い血管が切れて起きる症状だったのだろうが、本人もだれも異変に気づくことはなかった。

一枝さんが夫と最後を過ごしたのは、倒れる四日前の十月十二日。祝福二十五周記念を祝う食事会だった。その時、地区長から「お互い相手に手紙を書きましょう」と言われた。渡すことのできなかった手紙を、一枝さんは帰歓式の時に読み上げた。

それは二十五年前、初めて出会った時のこと。隆さんに「私は文先生ご夫妻をだれよりも愛しています。あなたは文先生をだれよりも愛して、文先生を裏切らないですか？」と聞かれ、一枝さんが「はい」と答えたという内容だ。

一枝さんにとって、この年は激動の年だった。五月三十日、義父の三義さんが昇華した。父の遺骨を尾瀬霊園に納める話し合いが難航したが、十月になって「十月十七日納骨」と決まった。

ところが、その三義さんの息子である隆さんが十六日に昇華した。結局、父子で一緒に十九日に元殿式[※1]、三虞祭[※2]が行われた。父子は今、尾瀬霊園に眠っている。

昇華式で、主礼の大塚克己・統一教会会長（当時）は、人間を「血統を相続する駅伝ランナー」にたとえて、「ある人は五キロ、ある人は十キロ、二十キロと走ります。五キロだからといって簡単というわけではありません。その間をどのように走ったかが問題です」と語り、多くの人々の心に鮮烈な思い出を残した平井さんの五十二年の生涯を称賛した。

※1、元殿式《ウォンヂョン》

地上生活での役目を終えた肉身を土に帰す式。一般の納骨の式に当たる。

※2、三虞祭《さんぐ》

元殿式から三日目（式の当日を含む）に、家族、近親者が墓地を訪れ花や線香、食べ物を供える。昇華の最後の儀式。

あとがき

名もなき聖人たちの軌跡

あれはちょうど、四年前の初夏のころだったと思う。

教会のメンバーに関する文章を読んでいたのか、それとも不慮の死を遂げた人物に関する新聞記事を読んでいたときだったのか、今となっては定かには覚えていないのだが、急に胸に熱いものが込み上げてきて、自分自身驚いた。

それは、志半ばで殉教した統一教会の教会員の足跡を後世に伝えねばならない——という熱い思いであった。一時の感情ならば、時と共に冷めてしまうものだが、その衝動は自分の胸中に留まり、冷めることはなかった。

しばらくして私は、一つの企画書をまとめた。次のようなものである。

「イエスの教えを広めようと弟子たちが徒歩で異国の地を訪ねた時代から二千年が流れた。

今日、再臨主のみ言葉と理想を携えて、統一食口《シック》（教会員の意味）の群れが世界各地に宣教に出て、人知れぬ迫害と困難、風土病などと闘っている。『神の国』を伝えるその人々の中には、志半ばで倒れていった者もいる。

彼ら、彼女らがみ言葉と出会い、神の教えに従おうとしてきたその人生の軌跡、はぐくんできた家族との愛情、現地で共に歩んだ〝戦友〟たちの証言をもとに、その熱き信仰と思いを後世に残し伝えたい」

私は、この企画書を、面識のあった光言社の出版部長、菅原進氏に見せ、「どこかに発表できる紙面はないだろうか」と、申し出た。

それは随分と唐突なものだったのだが、幸いにも季刊誌「祝福家庭」で発表する機会が与えられた。その後は、椎名建太氏、担当の小杉明氏のお手を煩《わずら》わせながら、人選などの相談に乗ってもらうこととなった。

思えば、今考えても不思議である。取材というのは普通、まず取材する対象が決まって企画が生まれるものだが、今回は始めに漠然としたテーマが浮かび、続いて取材対象を探すという手順となったからだ。

ただ、はっきりしていたのは、殉教したり、突然死去した教会員の短い生涯が、十分に称賛されていない、それどころか統一教会というだけで不当な扱いをされ、彼らの涙も情熱も、社会的に正しく評価されていないことへの義憤が私にはあったということだ。

ここに紹介した教会員は、まさに英雄である。歴史のヒーローと言ってよい。彼らは、自分の手で自分の人生行路を、家族や親しき人々のために残すことができなかった。そんな彼らに代わって、「代筆」を務めさせていただいた次第である。

掲載した十人の中で、生前、筆者が面識のあったのは平井隆氏のみである。この十人をよく知る人からすれば、人物描写が物足りないと思われるかもしれないが、それはひとえに私の未熟の故である。

文鮮明《ムンソンミョン》師のご家庭の次男、興進《フンヂン》様が殉教されたことで、教会員の殉教にピリオドが打たれた、とのみ言葉もあると聞いたが、残念ながら、その後も教会員の痛ましい死が続いた。

まだ、逆風の中に立つ統一教会だが、近い将来、輝かしい時代が到来し、「生きた英雄」が数多く誕生することを信じてやまない。そのような時代が近づけば近づくほど、ここに紹介させていただいた「名もなき聖人たち」もまた、その輝きを増していくと信じるものである。

一つしかない己の命を捧げていった教会員の半生を前に、どう表現してよいか難渋し、なかなか原稿が進まなかったことも度々であった。しかし、関係者の励ましとご協力を頂きながら、十回の連載を終えることができた。連載は「祝福家庭」の39号（二〇〇五年冬季号）から始まり、52号（二〇〇九年春季号）までで、途中二回ほどお休みした号もあるが、単行本には発表した順に掲載した。

単行本になろうとは予想もしておらず、望外の喜びに包まれているが、今となって、はっきりと確信していることがある。

四年前、み旨（神の願いの実現）に殉じた教会員たちの記録をぜひとも残したいという、あの強い思いは、神様が私に託したミッションであったということを。

この本を通じて多くの人々が、統一教会の伝統、神と共にある教会員たちの純粋なる生涯について理解を深めていただければ幸いである。

マーガレットの美しい季節に

桜庭　薫

著者紹介

桜庭　薫（さくらば　かおる）

1955年生まれ、富山県出身。大学に在学中、
「統一原理」に触れて、世界基督教統一神霊
協会の教会員となる。1988年、国際合同祝福
結婚を受ける。ルポライターとして活躍中。

神に捧げた 愛と命と

2009年7月1日　初版発行

著者　桜庭　薫
発行　株式会社　光言社
　　　〒150-0042　東京都渋谷区宇田川町37-18
　　　電話　03（3467）3105
印刷　株式会社　ユニバーサル企画

ISBN978-4-87656-150-6 C0014